下重暁子

夫婦という他人

講談社+α《プラスアルファ》新書

はじめに

この本を書くにあたって、私とつれあいが共に暮らしてきた日々を数えてみた。日頃まったく興味がなかったので、いいチャンスだ。なんと四十五年経っている。あと五年で半世紀。愕然《がくぜん》とした。

途中で何年と数えることもないし、結婚記念日などまったく興味がないので、ただしこしこと毎日暮らしてきただけである。若い頃はどちらもマスコミ関係だけに、仕事に追われ、共に食事をするのも週一度くらい。さらに、つれあいは特派員で四、五年日本にいなかったので、顔つきあわせて一緒にいた意識がない。したがって、いつまでも他人であった。

最初から期待のない夫婦、「水くさい関係」などと言ってきたし、相手に期待するひまがあったら自分に期待したいと思っていた。

はっきり言えば、私自身、自分に一番興味のある人間で、つれあいは私に輪をかけたマイペース人間で、ニヒルというか一種の諦観《ていかん》のようなものが基盤にある。

一歩ずつ目の前の物事を解決しつつ、それぞれの道を歩んできたから、いつも二本の線があり、時として交わることもあれば、また離れて平行線になり、それが当たり前と思ってきた。人間だから相手の領分を侵しそうにもなるが、初心にもどって冷静になり、また歩み出す。

「期待がなければつまらないでしょう」と言う人がいるが、私のために何かをして欲しいという期待がないだけで、彼らしい道を歩んで欲しいとは思っている。それは彼が決めること。相談されれば答えるが、私から余分なことは言わない。

「それなら結婚する必要はないでしょう」と言われればそうかもしれないが、ほんとうの自立が試されるには、二人暮らしをしてみないとわからないと私は思っている。

一人暮らしなら自立せざるを得ないが、二人暮らしだと、つい甘えそうになったり、よりかかって楽な方法を選んでしまう。結婚のワナはそこにある。夫は外で稼いでくるから、妻は家事育児をして支えるのが当然だと考え、妻は家の中のことや育児をやるかわりに、夫が自分を養《やしな》うのは当然だと考える。役割が定着しがちで、自己実現という自分にとってもっとも期待していいものを失っていく。

役割に甘んじていることはある意味、楽である。二人で暮らしていても経済的にも精神的にも自立していくためには、そうとうの決意もいるし抵抗もある。最初はうまくいったように見えても、何か事件や事故が起こるとガタガタと崩れていく。

我が家でもそうした危機はあった。つれあいの大きい病気。そういう時はもう一人が助けるのは当然だ。しかし平常にもどったら、初心にもどって水くささをとりもどした。

なぜ二つの線を守ることができたか。私にしてもつれあいにしても若い時に恋もし、遊びもし、三十代になって自分の生きるペースを確立してから暮らしはじめたからだ。

それだけがいいとは言わない。熱烈な恋愛の末、若くして結ばれるのもいいだろう。しかし、そこで同化するのでなく、お互い違う人間だと認めあい、個を尊重するという意味で、私は「夫婦という他人」と呼んでいる。

緑が日に日に深くなってきた。巣立ちの季節。蝶も蛾も蜂も、さまざまな生命が息づいている。

二〇一八年五月

下重《しもじゅう》暁子《あきこ》

◉目　次

第2章　捨てたい夫

第3章　「子はかすがい」のウソ

第4章　保守的な男と翔びたい女

第5章　パートナーを替える贅沢——夫婦の賞味期限

第6章　結婚に頼らない愛

第1章　結婚ぎらい

すべてを奪った「運命の恋」

世界の中から特定の個人を選んで食べる愛を「恋愛」というならば、世界そのものと直接に関わる愛を「仕事」と呼んでいる。――長沢《ながさわ》 節《せつ》

（『大人の女が美しい』草思社文庫）

長沢節さんのファッション・イラストは新しかった。私は若い頃、そのスタイルを愛していたし、彼の主宰するセツ・モードセミナーは、多くのデザイナーやイラストレーターを輩出した。

何が新しかったか。

個の自覚である。私は「孤は個につながる」と言っているが、孤独の中で外界とつながりたいという切実な思いが恋愛になり仕事になる。

私の場合、それが同時にやってきた。

大学を出てNHKにアナウンサーとして就職し、仕事に目覚めた頃、恋愛も同時にやってきたのである。名古屋に転勤し、そこで公開生放送の音楽番組「食後の音楽」のゲストとしてその人は現れた。黒い蚊とんぼのように長い細い脚が一、二階を結ぶ素通しの階段を降りてきた。私は登っていくところだった。すれちがいざま目を上げ、どちらからともなく微《ほほ》笑《え》んでいた。昔からの知己《ちき》のように。

向こうははじめてだったろうが、私は知っていた。大学三年の三月頃、高校時代の先輩に連れられて行った音大の卒業演奏会の客席から私は見ていた。彼が舞台に現れたとたん、人を傷つけずにはおかない黒いまなざしに射抜かれ、その一音一音に、慄《ふる》えが止まらなかった。

演奏されたシューベルトの弦楽四重奏曲「死と乙女」が暗示するように……。深い縁《えにし》が、直感で分かった。一目惚《ひとめぼ》れというには名も知らず、一面識もなく、あまりにはかない出会いだったが。

その印象を打ち消しつつ仕事に没頭していたのに、運命はやってきた。

私は「食後の音楽」のMCだった。彼と演奏曲目を人々に紹介しなければならない。夢中

だった。終わってプロデューサー共々お茶を飲み、東京にもどる彼を見送った。タクシーに身をすべり込ませる直前、

「来月、名古屋に演奏旅行に来ます。チケットを用意しますから、必ず来てください」

耳元で小声だが、有無を言わせぬ強さがあった。

当日、楽屋の入り口でチケットを受けとると、上衣を渡された。

「終わったらここで待っていて！」

しっかりとその上衣を抱えて……何が演奏されたのかも記憶にない。

さまざまな花の香りが闇にくぐもっていた。

五月の終わり、鶴舞《つるまい》公会堂（名古屋市公会堂）を出てホテルの部屋に楽器を置き、レストランで食事をした。そのあと、たった一軒しかない私の行きつけのバーへ行った。

「素敵な方ね。恋人でしょ？」

とママが言った。会ったのは二回。彼は東京に翌朝帰る。間もなく私は東京転勤が決まった。

東京にもどったらすぐ連絡することを約束させられたが、実行しなかった。恐かったのだ。運命の糸に操《あやつ》られて、ぬきさしならぬ闇に落ちていくのが。

それなのに、当時内幸町《うちさいわいちょう》にあった放送局の階段の踊り場でばったり会ってしまった。その日仕事が終わると、内玄関で待ち伏せされ、それ以降私は演奏会のあるたびに、暗闇にまぎれて楽屋口で彼を待っていた。

惚れるという言葉がぴったりだった。後にも先にも私が惚れ切ったのは彼一人。あんな素敵な恋人はほかにいない。

彼の海外留学、私のNHKからの独立をはさんで十年近く続いたろうか。

何度もそれらしき雰囲気はあったし、両方の家族も認めていたが、結婚したくはなかった。

惚れすぎていて、私達の間柄を日常の生活のレベルにすることを恐れた。離れているといつも会いたかったが、会うと息がつまりそうだった。地から足を離したところで私達は会っていた。生活のレベルにすることは冒瀆《ぼうとく》に思えた。その頃の私は純粋で、涙の出るほどいい奴だった。

「結婚」と「恋愛」は別物

ずっと、恋愛と結婚は分けて考えていた。恋愛は、ただ一人の相手との崇高《すうこう》なものであり、その頃好きだったシュトルムの『みずうみ』のような恋愛至上主義にかぶれていて、日常的な暮らしなど邪魔するものでしかなかった。

惚れ切っていたからこそ結婚したくはなかったのだ。

私はどこかで日常生活を馬鹿にしていたし、少なくとも彼との間では話題にするのも避けて通っていた。向こうも私を見ていれば、生活に不向きな女だということは分かっていたはずだ。結婚の話は出そうになっては引っ込み、かろうじて危なっかしい橋を渡っていた。

仕事は乗りに乗っていて、長沢節さんのいわゆる「世界とつながる愛」も順調で、長い間、病弱で孤独だった私という個に、はじめて世界とつながる自己表現の出口が見えていた。世間からも認められ、自分一人は自分で養うと決意した子供の頃の思いも実現しかけていた。それは私に課した大命題であり、諦《あきら》めるわけにはいかなかった。

一方で彼との恋愛を成就するためには、彼の才能を開花させるべく、私が陰にまわってサポートすべきであることも分かっていたし、彼もそれを心の奥では望んでいたはずだ。育った環境の影響もあって、彼の描く家庭像は保守的といってよかった。

少しずつ、ずれが生じてきた頃、二度目の海外留学が決まった。出かける時、一緒に来て欲しそうだったが、私は行かなかった。すみれのブーケを空港で渡し、「帰ってきてね」と言った。「当たり前だよ」と言って花束を振りながら、機中の人となったが、私の元にはもどってこなかった。

当然だろう。何度か届いた葉書に返事も出さず、私は決断できぬ自分に悩んでいた。彼を追って行ったら、私のやっと摑《つか》んだ仕事への愛はどうなるのだろう。

皮肉にも、一度だけ遅れて出した手紙は、彼の友人の許《もと》で止まったまま、彼には渡らなかった。彼のファンの十代の女の子が追いかけて行き、自分にだけ尽くしてくれそうな女性に彼は出会った。

多分その頃だろう。放送局に向かっていた私は、地下鉄を降り、いつもの道を通っているはずなのに、何度も日比谷公園の中で道に迷い、行き止まりから脱《ぬ》け出《だ》せないでいた。その時悟ったのだ。もう恋は終わったことを。

不思議なことだが、私は常に予兆を感じる。運命的な暗示が分かる。帰国した彼は、ずっとあなたと結婚したいと思っていたが、あなたは仕事をしていく人だと分かったと言った。決して言い訳ではない誠実さがあった。別れる日、タクシーのフロントグラスを流れる雨と同じくらい激しく、涙は音もなく流れ続けた。

自ら招いた結末だった。そのことは誰よりも私がよく知っている。それなのにぽっかりと空いた心の洞《あな》は埋めようもなく、私は心の蓋《ふた》を閉ざした。二度と開くことのないように固く栓《せん》をして。

彼の棲《す》む世界には足を向けず、大好きな音楽も、やむを得ぬ仕事以外は演奏会にも行かなかった。何かの拍子に、傷口から鮮血が噴《ふ》き出ないとも限らなかったから。

彼は追いかけて行った十代の女性と結婚したが、間もなく別れ、信じられないスキャンダルに巻き込まれていく……。

心は騒いだが、月日と共に私の傷も癒え、落ち着きをとりもどしていった。不思議なことに、大切な恋を失うと同時に世界とつながったはずの仕事もうまくいかなくなった。

自分一人を養うために民放のキャスターを続けながら、少しずつ物を書きはじめていた。

その中で、私にもっとも欠けているものは、生活感であることを知る。長い間、いちばん馬鹿にし、そっぽを向いてきた生活に、大きなしっぺ返しを受けたことを悟ったのだった。

「一緒に暮らす」という第三の道

三十歳を過ぎても、本気で結婚を考えたことなどなかった。彼を忘れることで精一杯で、誰かと暮らすなど考えられなかった。

仕事柄、毎日テレビでお見合いをしているようなものだから、知人や先輩、共演者、同僚などからひっきりなしに話はあった。母もそれを期待している様子なので、ますます反撥し、私の心の蓋は固く閉ざされたままだった。

男友達は何人もいた。職場はほとんどが男性だし、酒も強かったので夜な夜な飲んで歩いても平気だった。傍目《はため》にはずいぶん遊んでいるように見えたろうし、実際、そうとう親しい友人もいたが、私にとっては単なる遊びであり、心を動かされることはなかった。

「あなたは、人から愛されることに鈍感すぎる」

早稲田で同級生だった芥川賞作家の黒田夏子《くろだなつこ》さんにも言われたし、NHKで同期の男性からの贈り物の蓋に入っていた手紙には十年間気がつかなかった。先輩や出演者からの好意も無視した。仕事以外、私が心を動かされるものはなかった。というより、見向こうとはしなかった。

そんなある夜、テレビの仕事仲間の女性から「自由が丘で飲んでるから来ない？」と電話があった。その頃には活字の仕事も増え、直木賞受賞直後の野坂昭如《のさかあきゆき》さんを中心に、若い無名の作家や編集者達と新宿三丁目やゴールデン街を飲み歩く「酔狂連」に参加し、夜中の三時頃から出かけることもあった。後藤明生《ごとうめいせい》、田中小実昌《たなかこみまさ》、佐木隆三《さきりゅうぞう》、阿刀田高《あとうだたかし》など後に有名になる作家や編集者、女性では華道家の安達瞳子《あだちとうこ》さんがいた。

実家だった等々力《とどろき》の家をそっと抜け出し行ってみると、かつて私がキャスターだった頃の四、五人の仕事仲間が集まっていた。そこで久しぶりに、今のつれあいに出会う。

私にはへんに潔癖なところがあって、現在の仕事仲間とは特別な関係にならないと決めている。公私混同であり、利害関係がからむのが嫌だったのだ。

その時はすでにキャスターはやめ、たまに出演者として出ているだけだったので安心して参加した。

そこで男性のプロデューサーが私の家の近くに部屋を借りていることを知り、その後時々近くで飲むこともあった。その部屋に寄ると、台所に立って、長い背を折りトントンと上手にまな板の上で野菜を刻み、酒の肴《さかな》を作ってくれた。後ろ姿を見ていて、ふと悟ったのだ。生活とは、私の馬鹿にしていたようなものではなくて、生きるうえでの土台ではないかと……。

相手から言葉として言われたなら、私のことだから反撥して素直に受け入れなかったろう。けれど私自身が感じとったのだからそれは重く、心の奥に沈んだ。私にもっとも欠けていたものに気づいたのだ。だからといって私の価値観を変えるつもりはない。ただ、生活の大切さを黙って感じさせてくれた人となら暮らせるかも知れないと、頭をかすめたのも事実だった。

何度か飲み歩くうち、外で飲むのが面倒になって私の家で飲むようになった。そして、彼が私の海外取材中に、身のまわりの荷物だけ持って引っ越してきた。

それが私とつれあいの結婚?である。結婚式もなければ、披露宴もない。指輪もなければ、お互いを縛る約束事もない。ただ知人友人に、「一緒に暮らす」という葉書を一枚。私の家に移り住む日に、近所の散歩コースの神社仏閣、五ヵ所に百円ずつお賽銭《さいせん》を入れただけ。ビールで乾杯し、御馳走は母の作った五目寿司だった。

誰にも面倒をかけず、さりげなく……。

家のことは得意なほうがやる。料理はつれあいが酒の肴を中心に作り、私は器をそろえたりテーブルセッティングなど。後片づけは二人で。

年下婚の「自分でいられる自由」

つれあいと暮らしはじめた時、私は三十六歳、つれあいが三十三歳、三歳年下であった。

年下と一緒になるなど、考えたこともなかった。別れた恋人は同い年だが、学年は一つ上の早生まれ。同年輩や若い男性は、おませで頭でっかちな私から見ると幼稚に見えた。それがなぜ……。結果としてそうだっただけで、何の不自然も感じなかった。むしろ、のびのびできて楽だった。三十歳過ぎればお互い、生き方の土台や価値観が決まっており、相手に左右されることなく、自分は自分でいられる自由さがあった。

年の差など結果論でしかなく、相性が良く、自分らしさを邪魔されなければ、年上だろうと年下だろうとかまわない。

今なら、三十代か、四十代の若者がいい。自分より年上だと、価値観が固定していて面白味がない。若いこれからという時期、悩みや揺れ動く感情を抱えているのを眺めているほうが楽しい。感性さえ似通っていれば、美しいものを共に眺め、お互いの考え方を探るほうが楽しい。

年下といえば、フランスの大統領になったマクロン氏は就任当時三十九歳。二十五歳年上のパートナーがいる。日本では男が年上で二十五歳下と結婚する例など多いが、まだその逆は数少なく、珍しがられる。

マクロン氏の資質よりそのほうが話題になったくらいだが、フランス人は当たり前に受け止める。私がフランス語を習っているフランス人男性も、「とても素敵だ!」と言った。

まったく同感だ。できれば私もそうしたい。

マクロン大統領のパートナー、ブリジット夫人には子供が三人いる。マクロン氏の高校時代の先生で、演劇の指導者でもあった。夫人の子供のことを聞かれてマクロン大統領は言った。

「ええ、子供がいますよ。それで？」

さりげなく、ごく当たり前のことと受けとっている。年齢やら家柄やら、人間を縛るものから自由になることが、愛ではなかろうか。

フランスの歴代大統領はその点、実に自由に振る舞っている。ミッテラン元大統領には愛人がいて、その愛人への手紙が本となり、ベストセラーになったとか。

オランド前大統領にも、誰もが認めるパートナーがいるというし、なんとも自由で羨《うらや》ましい。日本ならば、すぐ不倫だの何だのと大騒ぎされるところだが、その自由さは文化の程度を表していると私には思える。

日本だって年の差婚は、昔からいくらでも例があり、炭鉱王の妻だった歌人・柳原白蓮《やなぎわらびゃくれん》はずっと年下の若い学生と出奔《しゅっぽん》して結ばれたし、漫才の内海桂子《うつみけいこ》師匠もマネージャーの若い男性と一緒になった。

なにも年下婚は男性の専売特許ではない。若い相手と一緒にいれば若返るし、相手は人生の先輩から学ぶことも多い。

評論家の吉武輝子《よしたけてるこ》さんは、家庭内別居といって戸籍上の夫と、ある時から二階と一階に分かれて住んでいたが、彼女に尽くす若い男性が別にいて、夫の死後、その男性と結婚した。私も二、三度会ったことがあったが、車で吉武さんを迎えに来て、私もついでに送ってもらった。吉武さんの晩年の結婚は彼にむくいるためのものでもあったろう。

驚きの最新タブレット婚活事情

何気なくテレビをつけたら、最新の婚活をテーマにしたドキュメンタリー番組をNHK総合でやっていた。何が新しいかというと、パーティ形式や複数で会うのではなく、最初から二人だけの空間に区切られていて、一人六分。六分経つと、係の人が「はい、次に交代して」と声をはりあげ、それにつれて、その日登録のあった他の異性とまたしても二人の空間で向き合う。

六分経つと次に代わり、最後にその日会った中で気に入った人を指名し、両者が合致していれば、カップルになって出て行く。後は野となれ山となれ……。

二人だけの空間で向き合う男女は、お互いに下を向いている。相手の目でも見るならまだしも、膝《ひざ》の上に係から渡されたタブレット端末を置いてそれを見ているのだ。

そこには相手の情報、身体的特徴や学歴、仕事、収入、趣味などが書かれていて、それを会話の糸口にする。

いったい六分で相手の何が分かるのか。恐らくは第一印象だけで、次々と数をこなしていくのだろう。複数のパーティ形式ならともかく、結婚だけを考えているという二人が顔つき合わせて気まずくないのだろうか。

昔からあるお見合いを今風に、効率的にこなしているのかもしれないが、機械的に「ハイ六分経ちました！」という係員の声といい、誰かに管理されているようだ。

結婚というプライバシーの部分まで管理されるのは、不愉快ではないか。という私が古いのであって、もっとドライに数打ちゃ当たるとでもいうのだろうか。

集まってきた男女へのインタビューでは、つき合っている彼女がいたが、結婚を切り出すと断られたという男性が多く、別れて三ヵ月や半年経ったから来てみたという人も。三ヵ月や半年で忘れられるなら、その恋愛もつき合う相手がいた程度のもので、惚れるとは程遠かったのではないか。

女性のほうは、子供が欲しいから、ともかく早く相手を、といった感じで、これまた、どうしてもこの人でなければという熱がない。

結婚などたいしたことじゃないと割り切れていれば、それも一つの考え方だが、いざ結婚となると、家やらまわりを気にし出して、指輪だ式だと体裁を整えようとする。

「恋に落ちる」というが、恋は陥《おと》し穴《あな》に落ちるようなもの、ある日突然にやってくる。そうした出会いをまったく信じていないのだろう。恋を知らない人は不幸だと思う。

一九八〇年代、結婚適齢期を二十三歳から二十四歳と信じて世間体に縛られていた女性達が、結婚前に「想い出づくり」にはげんだ時代があった。TBSの金曜ドラマで山田太一《やまだたいち》脚本「想い出づくり。」が若い女性の人気をさらったからだ。拙著『ゆれる24歳』（講談社＋α文庫）が原案になっている。

私が数多くの適齢期の女性に会ってまとめたドキュメントの中で、彼女達の多くが独身のうちに「想い出を作りたい」と言った。想い出は自然にできるもので作るものではないから、私には、とても不思議に思えた。聞いてみると、結婚後は結婚した相手の世界に連れて行かれ、自分の人生ではなくなるから、独身で自由なうちに恋をして想い出を作っておきたいというのだ。

そして結婚後、淋《さび》しい時不満な時、その想い出を反芻《はんすう》しようということらしい。
結婚後の人生はまるで自分のものではないかのごとき、無責任。夫、そして生まれた子供のために生きるのみで、自分の生き方はないのだろうか。あまりに悲しかった。
今はもっと自覚して自分の人生を選ぶために、自分を中心にして相手を選ぶ人が多くなってはいるだろうが、婚活の様子を見ていると、もっと自分の内側からの欲求に従い、自分を大事にして欲しいと思うのだ。

我が家は「男だって内助の功」

都《みやこ》はるみと岡千秋《おかちあき》に「浪花《なにわ》恋しぐれ」というヒット曲がある（たかたかし作詞、岡千秋作曲）。

芸のためなら　女房も泣かす
それがどうした　文句があるか……

上方の落語家・初代桂春団治《かつらはるだんじ》を唄ったものだが、「好きおうて一緒になった仲やない／あんた遊びなはれ　酒も飲みなはれ」というセリフが入る。これぞド演歌の真骨頂。内助の功も極まれりといった感がある。

別にこの唄に限らず、日本の演歌をはじめとする歌謡曲は、男が出世するためには必ず女の内助の功があったり、陰で泣く女が出てきたりする。

内助の功とは、賞《ほ》められることではあっても、決してけなされることではなかった。その考え方の伝統は今も尾を引いていて、カラオケなどでこうした曲を唄う男の顔は陶酔し切っている。

たまにまったく逆のケースもあり、我が家など他人から見たら私がずっと仕事をして、つれあいが趣味である料理を朝、昼、晩と作っているから、つれあいが内助の功と見えるかもしれない。

どっちだっていいではないか。自分の得意なことをすれば、お互いに不満だって溜まりはしない。しかし日本の伝統的内助の功とは、男が仕事をするのを女が支えるというものだから、日本の男、いや女にもそれが染みついている。

つれあいがテレビ局の中東特派員として海外勤務の際、私も半年だけエジプトに滞在したことがあった。ただで支局に置いてもらうので、日本に原稿を送る仕事があっただけの私は、それまで手を染めなかった家事をやってみた。するとつれあいが少しずつ手を引きはじめたのだ。

「こいつもその気になればやるんだ」とばかりに、私に任せる風情が見えてきた。

これはまずい。せっかくお互いに一人立ちできていたのに、私が手を出すことでバランスが崩れると思い、半年後、帰国する際に宣言した。「日本に帰ればまた私は仕事に追われる。元通り家事は、得意な分野をやるだけにもどる」……と。

そしてその通り、今に至っている。

男と女の生活はシーソーゲーム。片方が重くなれば、片方は宙に浮いて何もしない。上手に両方がギッコンバッタンとこいでいくのはなかなかにむずかしい。

女のほうにも問題はある。どこかで、料理をはじめ家事は女の仕事と刷り込まれていて、たまに男がやってくれると、必要以上に感謝する。「私の仕事をやってもらってありがとう」というところが見え隠れする。

私は決して必要以上に感謝しない。共同生活なら当たり前という顔をしているし、だからこそ自分の仕事の手抜きはしない。自己表現をきっちりやって見せてこそ、内助の功にとらわれることなくいられるのだ。

目に見えることではなく、目に見えない心の部分、挫折や不安、落ち込んだ時、気がついたら、そっと支えられる存在でいたい。

私がかつて惚れ切った相手がスキャンダルに巻き込まれた時、思いもかけぬ感情が湧き起こった。それは、もし私がそばにいたなら、決して彼をそんな目には遭《あ》わせなかったのに……ということだった。

私の父は軍人だったので、公私の区別は厳しく躾《しつ》けられ、意味なく人に物をもらうことなど禁じられていた。そんな私がそばにいたら、スキャンダルは避けられたのではないか。これこそ内助の功以外の何物でもないと気づいて愕然とした。

つれあいとの水くさい関係

つれあいと一緒に暮らしはじめてから、心の通い合う瞬間があっただろうかと自問自答してみる。

最初から違う個の持ち主であり、育った環境も違うのだから、なかなか理解し得ないところがあって当たり前。無理矢理理解したり同じ価値観にしようなどとは考えていない。

結婚したら、夫婦なのだから何から何まで理解したり、一緒に感動したり、どちらかに合わせて価値観を同じにしなければと考える人がいるとすれば、なんと窮屈《きゅうくつ》なことか。

その意味では、私とつれあいは冷《さ》めた関係ではあるが、それだけではあまりに淋しい。二人の心が通じ合ったと思える一瞬があると嬉しい。それは作ろうとするのは無理だが、ある時、不意に訪れる。

つれあいが、テレビ局の中東特派員として、ベイルートに滞在していた時のことである。中東のパリとうたわれた地中海に面した美しい街並みは、何度目かの内戦で破壊された。私も何度も訪れ、一緒にパレスチナ・キャンプの取材などもしたことがあるのだが、スキーと海水浴が同時にできるといわれた観光地で、商業都市でもあり、各新聞社、テレビ局、銀行、商社などの支局・支社が集まっていた。

キリスト教徒とイスラム教徒の対立が激しくなって、内戦が激化し、日本人もほとんどが引き揚げたが、マスコミ関係だけは最後まで残った。内戦を伝える義務があるからである。

つれあいも夜中にロイター通信に向かう途中、背後から銃をつきつけられるなど危ない目に遭ったが、最後まで留まっていた。新聞報道では住んでいた隣のホテルが爆破され、安否を気遣っていたが、当時は電話もままならない。空港が閉鎖され、本局から退避の命令が出たが、出国するには船でキプロス島に向かうしかない。

そこで連絡が途絶えた。会社に聞いても音信不通とのこと。私も少しは向こうの事情が分かるので心配した。なんとか脱出できたと信じたいがいつまで経っても連絡がない。駄目だと分かっていても電話をかけ続けた。

ようやく、キプロス島のニコシアに船で着いたらしいという連絡が入り、教えられた番号にかけるが、これまた話し中でつながらない。諦めてしばらく経ってようやく向こうから電話があった。私が必死でかけていた時、向こうも私の許に少しでも早く連絡しようとしていて話し中だったのだ。声を聞いた時の喜び、ほっとすると同時に二人の心が通じ合った瞬間である。

後にも先にも、それが一番といえる。

連絡のとれない間、どんなにお互いの身を案じたことか、当事者でなければ分からない。だからこそ電話が通じた時の全身が浸されるような喜び……。

こうした感情は、ごく当たり前の日常の中で味わうことはなかなかない。危険にさらされ、二人の間が断ち切られてはじめて湧いてくる感情であり、その時、私ははじめてつれあいを共同生活者として意識したといえる。

向こうも同じだったろう。その後、ロンドンに住居を移し、ベイルートを諦めてエジプトのカイロに支局を開くことになるのだが、私がカイロに半年間行って一緒に暮らそうと思ったのも、多分にそのことがあったからだろう。

もしあのまま戦闘に巻き込まれでもしていたら、どんなに後悔したろう。それぞれが個であって自分の人生を生きるとかっこつけてはいたが、共に暮らしながら、二人の時間を持つことがなかった。心が通じ合う瞬間がないまま会えなくなっていたかもしれない。

後につれあいがハワイで急病になり、一ヵ月入院手術という破目になった時も同じことを考え、一ヵ月間私もハワイに滞在したのだった。

結婚を脇に置くとうまくいく

しばらく会っていない友人から電話があった。母を見送って姉妹二人で暮らしていたのだが、妹が亡くなってしまった。

「一人になって、淋しいのよ」と、らしくないことを言う。

さっそく自宅に白いバラ一輪と志を持って出かけて行った。駅で出迎えてくれた彼女は、すっかり疲れ切っていて、あれだけおしゃれだったのに地味に粧《よそお》っている。

同い年の彼女とは、私が大学を出てNHKに入り、名古屋に転勤した時からの五十年来のつき合いである。

彼女は名古屋のCBCのアナウンサーであり、よく一緒に飲んだり、私が惚れていた男と別れた時も傍《そば》にいて、数寄屋橋《すきやばし》のバーにつき合ってくれた。東京にもどり、それぞれ独立して仕事をはじめて以降も、つかず離れず。

私も彼女のボーイフレンドはみな知っていて、なぜ彼女のように家事も良くでき、面倒見のいい女性が結婚しないのか不思議で仕方なかった。

結婚したくなかったわけではない。むしろしたかったと思うのだが、なぜかいつもすれ違っていた。

彼女が結婚しそうなタイミングは私の知るだけで三回あった。名古屋で同じ会社の人と一回、東京で私の友人と一回、そして広告会社の彼と……計三回。いずれも彼女と相手のタイミングが合わなかった。一回目は彼女の事情、二回目は相手の事情。そして三回目は、年をとってからの男友達だったが、彼が離婚後に一緒になるはずだったのに、突然、病気で死んでしまった。

何と慰《なぐさ》めていいやら、私も一緒に何度も食事したこともあり、世話にもなっていたので言葉がなかった。

結婚運がないのである。彼女のほうで相手に合わせなかったこともあるが、最後のケースなど、まったくの不可抗力と言うしかなかった。

私の友人にはそういう人が多い。私などとは違い、面倒見のいい良く気のつく、申し分ない家庭を築けそうな人ほど結婚せずシングルが多い。私のように自分勝手で、個にこだわり続け、生活はまったく得意でない女が、望んでもいなかったのに共同生活者がいて、それも多くの人々がいつまで持つかと賭けをしたというのに気がつくと四十年以上一緒にいる。

良くできた人ほどなかなか相手がいないということは、あまりに良くできているので、何から何まで気を配られて窮屈なのかもしれない。私のようにおめでたい人間は他人のことがあまり気にならない。自分が駄目と自覚しているので、他人のアラも気にならない。適当な隙間があって完璧ではなく、勝手にしていてくれるほうが気が楽ということは言えるかもしれない。

もちろん、どちらが良いわけでも悪いわけでもない。

ただ、自分にとって大事でやりたいことができれば、あとはどうでもいい。そんないいかげんな人間のほうが、ほっとできるのかもしれないし、気をつかわなくてすむ。

仕事仲間でもそうだ。いたれりつくせりあらゆることに気をつかわれると、こちらも気をつかわなきゃいけないと思って疲れてしまう。

ましてプライベートで息抜きをしたい時に、あまりに完璧では逃げ出したくなるかもしれない。適当にいいかげんで、適当にだらしないほうが、お互いラクに息を抜いて過ごせるということはあるだろう。

それにしても結婚に向いていそうな人のほうが結婚せず、まったく向いていないと思える人が、結構のほほんと他人と夫婦として暮らしているというのはどういうことだろう。向いていると思える完璧に近い人は、無理をしているのではなかろうか。

自分が良く気がついて何でもできるから、相手にもそれを求めてしまう。無理をすればストレスが溜まる。不平不満の行き着く先は、とても一緒には暮らせない、となるかもしれない。

何でもできる必要はない。私は私らしく、それでいいから共に暮らしたいという人がいればいい。最近の婚活で、結婚だけを見つめて相手を選ぼうというのにも無理がある。必死で結婚相手を探すのは分からなくはないが、その必死さがしんどい。それが相手を疲れさせ、なかなかいい結果には至らない。

もっと肩の力を抜いて、結婚など忘れて好き勝手に遊んでみよう。見合い二十回、三十回という実績を持つ知人は、ある時から一人で生きると決め、しばらくしたらパートナーに自然に出会った。そうした例はいくらでもある。

第2章　捨てたい夫

「愚痴るなら、行動しなさいよ」

捨てるための本が売れている。「断捨離《だんしゃり》」という言葉も流行した。もともとはヨガで使われる言葉だというが……。

余分なものは捨てて、すっきり暮らそうということ、いかに片づけられない人が多いかの証拠でもある。

物が少なくなれば、頭もすっきり整理されるということらしいが、捨てては買うという、経済効率に組み込まれた考えだといえなくもない。

拙著にも『持たない暮らし』（KADOKAWA）という作品があるが、主旨はむしろ逆で、ほんとうにいいもの、好きなものだけを買って、無駄なものを買わず、物を大事にすることなのだが……。

物を捨てることから、ついに夫にまで発展したある雑誌のアンケート結果があった。

「最も捨てたいのは夫」という結果は、編集部でも意外だったようだ。

離婚の数からゆくと、ここ数年はほぼ横ばいだという。だから最も捨てたいとは予想できなかったのだろう。

今までに離婚という選択肢を考えたことのある人は五十四パーセントを超えて過半数。離婚して良かったと答えた人は八十一パーセント。

心の底では離婚、すなわち夫を捨てたいと考えている人は増えているのだ。それも熟年離婚、四十歳以上が目立つ。長い間我慢し続けてきたものが、子育てを終えて一気に噴きだし、後の人生は夫に左右されずに自分の人生を生きたいと思う気持ちはよく分かる。

その結果、「夫を捨てたい」！

ちょっと短絡的すぎる気もするが、それだけ今までの人生が夫や子供中心で、自分のために生きてこなかった証拠だろう。

溜まり溜まって決意に至る。それまでの長い人生、どれだけ夫への不平不満があり、愚痴や文句でごまかしてきたことか。

もっと早く手を打っておけば良かった……。少しずつ改善しておけば違っていたかもしれないのに。

「愚痴っているひまがあるなら、行動しなさいよ」とは、アンケートをとって特集を組んだ雑誌の表紙に載っている作家・佐藤愛子《さとうあいこ》さんの言葉だ。その通り、一人愚痴っているのでなく、夫に話すなり行動しておかねばならなかったのだ。

表紙一面の写真の愛子先生は、あでやかである。着物姿で、きっぱりとしたそのまなざし。口許《くちもと》の笑みは花が開いたようで、時々食事を共にする私もかくありたいと願う九十四歳。

その毅然とした生き方があればこその美しさ。同じ文学仲間と結婚し、その夫の作った会社の莫大な借金を見事に払い終えた。そして離婚。その心意気を支えるものは何か。

夫も結婚も自分が選んだものだから、自分が責任を持つ、戦い続ける潔《いさぎよ》さが人を感動させるのだ。黙って行動して愚痴も文句も言わない。だからこそ説得力を持つ。

夫が負担だから捨てたい……その前に結婚を選んだのは自分であり、長い結婚生活の間、夫を甘やかしたり、耐えるだけだった自分への反省もなければならない。

相手が悪いと言う前に自分の生き方をふり返って、ほんとうに責任を持って人生をやり直す決意と潔さがなければ、離婚もうまくいかないし、その後の生き方も見えてはこない。

自分で自分を食べさせる

離婚して得た自由とは何か。結婚していた時はそんなに不自由だったのだろうか。自分で思い込んで良い妻、良い母を演じていただけではなかろうか。

夫を捨てたいという願望の底に潜んでいるのは、妻という役割に対する不満でもある。個人としての自分自身ではなく、良き妻、良き母親という鋳型《いがた》に自分をあてはめ、演じていた不自由さだと思える。

私が二〇一五年に、『家族という病』（幻冬舎新書）という作品を書いて感じたのは、いかに個人として自由に生きている人が少ないかという実態だった。

妻や母という役割が先にあって、夫や子供との関係も、個人と個人のつき合いではなく、役割としてのコミュニケーションなので、お互いに相手を理解することができない。身近にいてよく分かり合っているつもりが、一番お互いを知らないという事実。

私も、父・母、兄という家族が死んではじめて、彼等をいかに知らなかったかをさとり、もはや口きかぬその三人に手紙を書いた。答えはないが、私自身が父・母、兄をどう考えていたか、書くことで私自身を知ることができた。

他人、たとえば友人のほうが、お互い努力するので分かり合えるが、家族は知っていると思い込んでいるから始末が悪い。

家族間の殺人事件が増えているのもいい例で、夫と妻の間でもうまく離婚できず事件に発展する例も枚挙《まいきょ》にいとまがない。

高齢化にともなう介護の問題なども原因の一つで、夫が妻を、妻が夫を手にかける例もある。

潜在的にあるのが「性別役割分担」への不満だという。

家事の分担、育児の分担、口ばかりでいっこうに何もしない夫への不平、そうしたことがストレスとして溜まっている。

自分が働きたくても働けないという社会状況下で、夫に養ってもらっているという心の奥の思いが言いたいことも言えなくさせる。

いっそ夫が死んでくれたら……、消えてくれたら……と思ったりする。

離婚して得たものの第一位は「自由」。「せいせいした。今後は自分のために生きよう」という快感もよく分かる。しかしちょっと待って欲しい。

自由とは、精神的自立と経済的自立の上に成り立っているのだ。

精神的自立とは、自分で考え、自分で選び、自分で行動すること。人をあてにし、他人と同じだと安心したり、他人を基準にしていては決して生まれてこない。

しんどくても、一人で考え一人で選ぶ。そして最後に責任を自分でとれるかどうかである。

もう一つ忘れてならないのは、経済的自立。私は大人が信じられないと思った敗戦後、自分一人は自分で食べさせると決めた。自分一人ならなんとかなる。その覚悟を持てるかどうか。

就職し、仕事をしながら徐々に自分の希望する方向へと軌道修正して、ようやく七十代終わりになって念願だった物書きへの道が見えてきた。

長いまわり道だったが、私は学校を出てから人に養ってもらってはいない。つれあいはいるが、今にいたるまで独立採算制で、死ぬまでなんとか辿りつけそうだ。道のりはしんどかったが、私は今が一番自由。二つの自立を支えにしているから誰に気兼ねもしない。自由を得るためには、それなりの覚悟と行動が必要である。

結婚の正体は退屈な日常

山之口貘《やまのくちばく》の詩に、結婚をうたったものがあった。

詩は僕を見ると
結婚々々と鳴きつゞけた
おもふにその頃の僕ときたら
はなはだしく結婚したくなつてゐた（中略）
僕はとうとう結婚してしまつたが
詩はとんと鳴かなくなつた
いまでは詩とはちがつた物がゐて
時々僕の胸をかきむしつては
箪笥《たんす》の陰にしやがんだりして

おかねが
おかねがと泣き出すんだ。

もの悲しくユーモアのあるこの詩が好きだ。人間の淋《さび》しさが漂っている。

この詩にあるように、人と人との深い触れ合いのはずだった結婚が現実的な夢に変質してしまう。

目に見える結婚……若い人に聞いてみると、それは結婚式や新婚旅行だったりする。単なる結婚へのセレモニーにすぎないのだが、そこに全力を使い切ってしまって、その後の長い時間を考えていない。

毎日の生活は、決して楽しく美しいものではない。

その中で夫の出世、子供をいい学校に入れるなど、経済的な豊かさや表面的なものを追ってはいないだろうか。結婚記念日や誕生日を憶えていないだけで、夫を恨んだり不平を言ったりしてこなかっただろうか。

結婚は現実そのものであり、毎日坦々《たんたん》と続く生活なのだ。と言ってしまうと身もふたもないが、結婚を夢と考えていたら、破れることは間違いがない。

白馬の王子様がさらっていってくれたとしても、実際に暮らしてみるとこんなはずじゃなかったということばかり目に入る。夢と現実のギャップが失望を生む。暮らしてみると恋人だった時と掌《てのひら》を返すような意外な面を夫に見つける。

当然といえば当然で、それまでまったく別の環境で育った二人なのだ。

価値観も違えば、作法だって違う。いちいち目くじら立てて気にしていたら暮らしていけない。寛容の精神がなければ、他人となぞ暮らせはしない。結婚は、心の寛容さを養う良き修業の場と言わざるを得ない。

私の場合を考えてみると、一人娘で育ち、病弱だったために、親ははれものに触るように私に接していたので、いいように我儘《わがまま》で独りよがりに育ってしまった。

自立心こそ強かったが、他人を思いやる余裕がなかった。結婚に夢など描いたことはないが、共に暮らす相手ができて良かったと思うのは、寛容になったことである。最初から違う人だと認識することで、思いがけない出来事に遭《あ》ってもあまり驚かない。違う人、違う個なのだからと考えることで、自分のやり方とは違っても認める気になる。

一人で暮らしていれば自分についてだけ考えていればいいが、一緒に暮らす人がいると気にはなる。体の調子が悪いんじゃないか、夜遅い仕事が続くと、無理をしないで欲しいなど、口には出さないが、どこかで思っている。思いやり、私にそれまで一番欠けていたものが自然に芽生えてきた。

つれあいは、私に輪をかけたマイペース人間だが、それでもどこかで共に暮らす人間のことは考えている。口に出して表現するのはうまくはないが、見ていれば感じることができる。

もう一つ共に暮らすことで気がついた。

自由に自己表現をして生きることが私のモットーだが、それは、一人より二人で試されると知った。

一人なら自立するのは当然だしやむを得ない。

二人の場合、相手にいかに頼らず、自立できるかが試される。

相手に頼るほうがラクなのでついその方向に行きかねない。前にも言ったが、むずかしいのは一人暮らしで自立するより、二人暮らしで自立を守ることではないだろうか。結婚とはより自立を試されるものなのだ。

相手に期待するから裏切られる

結婚生活の悲劇は、相手に期待しすぎるから起きる。しすぎるというより、期待すること自体しないほうがいい。

私は、人に期待しない。家族——親や子や夫・妻も自分と違う人なのだ。自分の意のままに動いてはくれない。期待したら裏切られるのは当たり前、いちいち傷ついていたのでは身が持たない。思いがけず向こうが何かをしてくれると、期待していないだけに余計嬉しい。

二人にとっての記念日であっても、日常のあわただしい暮らしの中ではつい忘れてしまったり、埋没したり。期待しているとがっかりしてしまう。

結婚記念日など女性のほうはずっと特別の日に思っているのに、仕事に忙しい夫は、忘れていないまでも夜遅くに帰宅。せっかく作った祝いの膳もさめきってしまった……一人で時計とにらめっこしながら待っている気持ち、その辛さは分かる。だが、いらいらしたり、腹を立てるひまがあったら、訪れた時間を本でも読んで大切に使おう。「自分への期待」に役立つ時間に変えるのだ。

私は、おめでたい才能があると思っている。いつかできる、いつかそうなると思っていると、いつの間にかその方向に努力しているものだ。

自分の可能性を信じてやろう。小さく設定した人は小さい可能性しかない。途方もない夢でもいい、自分に期待する分にはいくら大きく設定してもいい。

うまくいかなければ、自分に責任があり、自分に帰結する。挫折しながらも修正し、そこから這《は》いあがっていくしかない。

他の人の場合、何を考えているのか、どんな状態にあるのか正確には分からない。期待は余計な負担を与えてしまう。

夫婦に期待がなければ面白くないという人もいる。それなら裏切られても仕方ないと覚悟することだ。

私は他人に期待をしたことがないから、ストレスが溜まりにくい。常に仕事の場で自己表現をしなければならないから、他人に余分な期待をするひまがない。自分に期待するだけで精一杯なのだ。

そんな私にも、いわゆる女性として期待する男達がいた。

結婚したら自分のために尽くしてくれるのではないか、良き妻や母になってくれるのではないか。それはまったく無理だとはっきり示すことで、さっさと去って行ってくれてほっとした。

そんな期待にも合わせようとする女性が多いのではないか。私はこう生きたいという姿勢を見せることが大事だ。それがなければ結局、男性のペースに巻き込まれてしまう。結婚後も愛情の名の下に何でも期待に応えていては、誤解されても仕方ない。

私とつれあいが一緒になった時はお互いに三十歳を過ぎていて、自分の立ち位置というのがある程度決まっていた。私はこれが大事、自分はこう生きるという一種の価値観である。相手の話は聞くし、その通りだと思えば、参考にすることはあるが、まったく合わせることはない。

私は自分が決めたことには仕事でも生活上でも忠実だが、つれあいは私の見るところエピキュリアンである。享楽《きょうらく》主義と訳すとちょっと違うが、自分がその時その時楽しいと欲することに忠実である。

方法論は違うが、自分に忠実なことに変わりがない。私は自分に期待し、つれあいも自身に期待し、その違いを認めて面白がっている。

最初が肝心、「鉄は熱いうちに打て！」。その後も油断は禁物である。

独立採算制の結婚もあっていい

若い頃、結婚のイメージを描いたことがあるだろうか。私はまるでなかった。結婚したいと思ったことがなく、結婚＝生活であり現実的なものととらえていて、マイナスイメージしかなかった。

たまたまつれあいと暮らしはじめることになっても、夢など描いていないから、自然にゼロからの出発であった。

結婚に夢など描かぬがいい。ゼロからはじめたほうがいい。

期待が大きければ大きいほど崩れていくものも多く、ゼロから積みあげていくと考えれば、一つずつ発見があって、驚きと共に、一つが二つになり三つになり……プラス思考で考えられる。

夢ばかりふくらんでいると、現実の中で一つずつ引かれて、マイナス思考になってしまう。そのあげく、我慢の限度までいってしまう。

結婚のイメージなど描かぬがいい。一緒に暮らす相手を少しずつ知っていく過程と思ったらいいのではないか。

イメージを描こうとすると、経験したことがないだけに、よその家庭をモデルにしたり、テレビドラマに登場するような家庭でなければと思ったりしてしまうのだ。

そんなものはあくまで他人の結婚でしかなく、自分の結婚はまったく別ものなのだ。

百人いれば百通りの結婚がある。他人と同じなら、結婚などする必要もないし、新しい発見もない。日本人は往々にして他人と同じことをして安心する。結婚が大事だと思うなら、他人と同じにはしないことだ。

友人の家庭を訪問して、マンションの間取りやらインテリアやら参考にするのはいいけれど、真似てはいけない。自分という個があっての結婚なのだから自然に違ってくる。そのうえ相手のいることだから、ますます違ってくる。

違うものを個性というのだから、ほかと違う家庭になるのは当然のことだ。

私は、子供の頃から自分勝手に生きてきたから、自分の面倒を見るのが精一杯で他人の面倒など見られない。だから我が家は原則的に自分のことは自分でする。買い物だって自分のものは自分で買うし、たまに気が向いてつれあいのものを買うことがあっても、それは私からのプレゼントでしかない。結婚前と後で何も変わっていない。

独立採算制なので、自分で稼いで自分で使う。何も遠慮はいらない。共同のものを買う時は二で割って、払い方はそれぞれの都合のいい方法で。マンションも車もそうやって買った。自由業の私が半分を頭金として即金で、つれあいが残りを月賦で払うことが多い。

一人ずつの生活が二つあるわけで、これまた結婚前とほとんど変わっていない。変わりたくなかったのだ。私もつれあいも。

家事は得意なほうがやるから、料理はほとんど、食が大好きなつれあいが作る。

病気の時以外は、私はつれあいの面倒は見ない。

そういう結婚があったっていい。

ずっと以前のことだが、そんな話をしたら桐島洋子《きりしまようこ》さんに言われてしまった。

「私は相手の足の爪も切ってあげる。そういうことが楽しい」

忙しく仕事をしている人にもいろいろある。私のように人の面倒など見たくない人もいれば、爪まで切ってあげるという面倒見のいい人もいる。人それぞれ。共に暮らす二人が良ければ、どんな関係だっていい。同性同士の結婚だって、二人が良ければいいではないか。金子《かねこ》みすゞじゃないが、「みんな違って、みんないい」。

分かり合えないから面白い

相手を理解しようと思うこと自体むずかしい。自分とは違う人なのだから、すべて分かり合えると思うこと自体が錯覚だという気がする。

身も心も一体で、理解し合っていると思う人には叱られそうだが、「夫婦は偕老同穴《かいろうどうけつ》」などという言葉は、私には理解しがたい。

身も心も結ばれていると思っている人からは、気の毒と思われるかもしれないが、それが私とつれあいの流儀なのだ。二人がかれこれ四十年以上暮らす中で見つけた心地よい関係なのだ。

共に暮らしはじめた時、できるだけ水くさい関係でいようと思った。余分に相手の中に入り込まず、それぞれがそれぞれの生き方をして、共に暮らせるなら暮らそうということだ。向こうが自分のことを話さぬかぎり、こちらからは聞かない。私が言わないかぎり向こうも聞かない。言わねばならぬこと、知っておいたほうがいいことがあれば自分から言うはずだから、あえて聞こうとはしない。

それでは会話がはずまぬとお思いかもしれないが、馬鹿な話はいくらでもする。あとは今の社会状況や政治についての批判などぽんぽん出てくる。だから会話に事欠かない。

これ以上突っ込むとけんかになると思うと、私はさっと話題を変える。大事なことは聞くし話すが、どうでもいいことについては柳《やなぎ》に風《かぜ》と受け流す。

ＮＨＫにアナウンサーとして勤めていた時も、先輩からの大切な意見は聞くが、重箱《じゅうばこ》の隅《すみ》をつついたような注意や、セクハラやパワハラに近いことはさっと流すので、相手は張り合いがない。

それを真正面から受け止めて気にする人が多いが、そういう人は、言うことを聞いてくれたと思われて、次もその次も注意を受ける。

私はその場ではちゃんと聞くふりはしても不要なことは右から左なので、ストレスになることがない。その通りだと思えば従うが、思わないことは受け流すので、「あいつはああいう奴だ」と分かられると、余分なことを言われなくなる。こうなればしめたもの。必要のない文句は言われなくなり過ごしやすくなる。それどころか、いつの間にか私の意見を聞いてくれるようになる。

従順でまじめだけでは、すべてを背負い込むことになる。ましてや生活を共にする相手に「何でも言うことを聞く」と思われてはならない。

存在を誇示して、この人はこういう人だと思わせたほうが生きやすくなる。そうすれば余分なところまで入り込んで、お互いにいやな思いをすることも少なくなる。

生まれも育ちも違う人間なのだから、合わないところがあるのが当たり前。それを認めて、「同化しよう」、「同化させよう」などとゆめゆめ思わぬことだ。

相違を見つけたら、むしろ新しい発見をしたと面白がればいい。

子供たちが巣立って二人切りになった時、子供についての話題しかなかったら、何を話していいか分からない。

二人切りになった時が、ほんとうの意味の夫婦元年かもしれない。お互いがお互いの違いも含めて、認め合える時機だと思うと楽しいではないか。子供以外の話題を見つけて向き合う時がやっときた。楽しめる話題ならばとことん意見を交わし合うと、今まで知らなかった相手が見えてくる。

「世帯くささ」からの逃走

四十年来、俳句で遊んでいる。最初は、永六輔《えいろくすけ》さんに誘われて参加したが、小沢昭一《おざわしょういち》、和田誠《わだまこと》、岸田今日子《きしだきょうこ》などそうそうたるメンバーで『話の特集』という雑誌が中心となった、「話の特集句会」。

その時の題が「蜃気楼《しんきろう》」で、ビギナーズラックで最高点になり、それ以来すっかり俳句にはまってしまった。当時は寅《とら》さんこと渥美清《あつみきよし》さんや作家の色川武大《いろかわたけひろ》さんなどもいて、吉永《よしなが》小百合《さゆり》さんも顔を見せていた。

私と同じ頃参加したのが冨士眞奈美《ふじまなみ》さんに黒柳徹子《くろやなぎてつこ》さん。今もまだ続いているのが黒柳徹子、中山千夏《なかやまちなつ》、田村《たむら》セツコ、白石冬美《しらいしふゆみ》、矢吹申彦《やぶきのぶひこ》、矢崎泰久《やざきやすひさ》といったメンバー。亡くなった人も多く、高齢化と共に人数が減り少し淋しくなってきた。

そんなある日、食事をしながらの楽しい会が終わり、私は用があって先に帰った。家は会場のすぐそばなのだが、うっかり鍵を忘れて帰った。気がついた黒柳さんが、我が家に電話してくれたところ、つれあいが受話器をとった。すると黒柳さんがびっくりして、

「男が出たわよ、男が！」

と、みんなに触れまわったそうだ。たぶん黒柳さんは、私が独身だと思っていたらしい。確か「徹子の部屋」に何度か出た際に、つれあいの話をした気もするが、忘れていたのだろう。四十年も一緒にいるのに、独身と思われていて、「男が出た！」と言われたことが嬉しかった。

私は必要以外に自分からつれあいの話はしない。だから、親しい人以外は、私が結婚しているかどうかは知らないかもしれない。仕事上も通称も、名前が変わっていないからそう思われても不思議はない。ずっとこの名前で仕事をしているし、私の雰囲気から一人なのだと見られることが多い。そのことが嬉しい。

いつだって私は個として生きてきたし、見るからに「結婚してます」と見えるなど最悪だ

と考えているから、世帯くささが身についていない。

私は世帯くさいということが嫌いだ。必要以上に生活の匂いをさせている男も女も、魅力がない。

わざわざ指輪をしたり、夫や子供の話をして結婚をアピールなどする必要はない。

はたして彼女や彼は結婚してるのかどうかと、疑問を持たせるほうが人として魅力的だ。

なぜ世の中の女性、いや男性にもいるが、結婚していることを強調したがるのだろう。

以前、作家で歌手の戸川昌子《とがわまさこ》さんが言っていた。

「いつも花束かかえて会いに来ていた男たちが、結婚していると分かってからは、まったく来なくなった」

戸川さんの結婚は話題になったので、クラブ「青い部屋」の主人で謎めいた女としての魅力を感じなくなったということだろうか。

私の場合も、結婚していると分かったとたん、逃げ出す男達をどのくらい見たことか。

ほんとうは結婚していようがいまいが、本人が素敵ならば関係ない話なのだが、世間はそう見てはくれない。だから、黒柳さんがずっと私が独身だと思っていたことは、私の思う壺。このうえなく嬉しかったのである。

人生の晩年になって老夫婦が助け合って歩いている図は、ほほえましくもあるが、元気なうちは、いつも一人で歩いて個であることを主張していたい。

わざわざ「結婚しています」と言うこともないし、さりげなく一人でありたい。「結婚しています」と顔に書いてある男も女も魅力はないし、そういう人は世帯くさいおじさんおばさんになることうけあいである。

結婚しても異性の友達を持つ

あなたは夫以外に男友達は何人いるだろう。妻以外に女友達は何人いるだろう。沢山いる必要はないが、異性の友達は持っていたい。先輩であったり、後輩であったり、仕事仲間でも遊び仲間でもいい。

私にとってのつれあいは、一番親しい友達の一人。もともとは飲み仲間でもあった。

今でも家だけではなく、外へ昔のように飲みにも行くし、食べにも行く。二人のこともあるし、私の男友達が一緒のことも、向こうの女友達が一緒のこともある。

お互い友達を紹介し合い、私の友達はつれあいの友達でもあり、つれあいの友達は私の友達にもなって、いつの間にか間柄が逆転してしまうこともある。

それ以外に、つれあいに紹介したくない友達もいるし、向こうもいるかもしれない。メル友だったり、秘かに心を寄せる人がいてもいいではないか。

私はある時期から、自分よりずっと年下の三十代四十代の働き盛りの男性と話すのが面白くなった。私達にない価値観や考え方を見つけると新鮮だ。若いということ自体こちらも元気になるし、生き生きする。

市井には「へぇー」と感心する美意識の持ち主がいる。この人と思うと、私は結構親しくなる。ときめきを覚えることも時にはあるが、私が自分に言い聞かせているのは、共同生活者であるつれあいにいやな思い、悲しい思いをさせないこと。それさえ守れば何をしてもいい。迷惑をかけないこと、自分の責任で処理することが大事である。

それが共同生活者への最低限の礼儀だと心得ている。

それだって、いつの間にか深みにはまってしまわないとはいえない。その時は潔く決断するだけだ。自己責任として。

仕事仲間は、放送が主だった時も活字の今も、異性がほとんどである。興味のある人達とは親しくなるし、遊び仲間では異性の比率が多くなる。

趣味や遊び仲間でいえば、俳句の友達、鳥見の友達、ペンクラブや旅行作家協会の仲間。NHKで二十三年も続いているエッセイ教室に通ってくる人達もいる。今まで私のつき合ってきた範疇《はんちゅう》にない人の話を聞くことが面白い。

年齢も職種も色々。ただ、物を書きたい、自己表現をしたいと集まってきた仲間達だ。「下重暁子のエッセイ教室」と私の名がついているが、夜の講座なので老若男女さまざまな人々が物を書くので心から打ち解け、先生の私そこのけで輪がひろがっていく。

私の名をとって「あかつき句会」というメール句会もできてしまった。初回から参加した人、最近入った人、一度やめて帰ってきた出もどり組。そこで新しい友を得ることが無類に嬉しい。

つれあいのほうは、かつてテレビ局の報道プロデューサーであり、私もよく知る仲間もいるが、その後、大学で教えたので、その時の教え子がNHKの報道番組ディレクターや新聞記者などで活躍中。今でもみんな集まってつれあいと飲みに行く。私も時間があれば参加し、彼らの恋、結婚、出産、離婚などの話に耳を傾ける。いつの間にか、男も女も私の友達になっていたりする。

教え子の女性が、子供の生まれた日にすぐ電話してきて、つれあいは、「俺の子じゃねぇ」と言って苦笑している。

もっと外向きになりたい。夫や妻のことばかり気にする内向き人生でなく、外の人々の思考を知ることで世界がひろがる。

第3章　「子はかすがい」のウソ

野際陽子さんに教わったこと

野際陽子《のぎわようこ》さんが亡くなった。といっても私にはぴんとこない。のんちゃんがいなくなったと思うと涙がどっとあふれてくる。

私には、今も昔ものんちゃんだ。だから私の『家族という病』がベストセラーになった時、電話で「おめでとうございます」と言われて少しショックだった。「アコ、本売れて良かったね」で十分ではないか。他人行儀な気がしたのだ。

野際宅に弔問に伺った時、お嬢さんが迎えてくれて、「あ、あの人そういうとこあります」と言った。ずいぶん長く直接会っていないし、まったく違う道を歩んでいるので礼儀をつくしてくれたのだろうけれど、私にとっては、あくまでのんちゃん。声を聞いたとたんに五十年前にもどってしまう。それほど私にとっては大切で、私の人生に影響を与えた人なのだ。

私達はＮＨＫのアナウンサーだった。年齢は同じだが、のんちゃんが早生まれなので、学年は一年上。先輩である。

当時は四年制の大学出の女性など就職先がなく、私は活字志望で新聞社、出版社希望だったが、何一つ募集はこなかった。毎日、早稲田の就職課に張り紙を見に行く。男ばかり募集の中で、ある日「女」とあったのがアナウンサーという仕事。民放も出そろっていたので、片っ端から受けた。それしかなく、言葉に関係があるのが受けた理由だった。放送局なら記者か制作者になりたかったが、それすらも女の募集はなかった。

最後の面接に至るまで一社五回くらい試験があり、十人程度にしぼられる。だいたい同じメンバーなので、顔見知りになる。特に仲良くなったのが田原総一朗《たはらそういちろう》夫人で、乳ガンで亡くなった古賀節子《こがせつこ》、早稲田の放送部のスターだった。面接はＮＨＫとＮＴＶが同じ日の午前と午後。確率を少しでも良くするために二人でジャンケンして別々に受け、私がＮＨＫを、古賀ちゃんがＮＴＶを受験して無事入ることができた。

二ヵ月の養成を受け、すぐ地方へ転勤。女は中央局のみで、私は名古屋局に決まった。そこに一年先輩として赴任していたのが野際さんだったのだ。

女性二人の独身者を迎えて、昭和区荒田町に荒田寮という三階建ての独身寮が造られ、三階西の端が野際さん、隣が私。四帖半で、暖房も冷房もない。トイレも洗面所も部屋の外にあり、男女共用だった。

はじめて会った朝、洗面所で後ろから見た彼女のうなじが印象的だった。なんと細くて美しいのだろう。顔も木目込み人形のように整っている。すっかり惚《ほ》れ込んでしまった。見かけによらず、ざっくばらんで結構やくざである。弟妹のいる長女なので、一人娘の私のようなあまちゃんでなく、しっかりしている。私にとっては頼りになる姐御《あねご》であった。

「この子、飲めるわ！」

親しくなるきっかけは酒だった。

「いいことも悪いこともノンちゃんに教わった」と後年言うと、「悪いことなんか教えてないわ」と怒っていたが、私にとっては大学を出て家を離れ、経済的にも精神的にも自立せねばならない時、最初に出会った女性だった。

当時、ＮＨＫ名古屋はテレビ塔の真ん前にあり、夕方空が藍色になると仕事を終え、二人で栄町にずらりと店開きする屋台に向かう。日本薄給協会だから、野際さんが月一万二、三千円、私が一万円あったかどうか。お金がなくて、寮の食事以外には、女性の親子がやっていた「たん」という屋台。そこでビールや酒ともつなどを食べた。ゆとりのある時は、栄町角のビル二階の「スパロー」というバー。気どって「ギムレット」等を注文した。ザ・ピーナッツの「可愛い花」(プティット・フルール)がかかっていた。その頃には、もう「のんちゃん」「アコ」と呼び合っていて、仕事もプライベートも毎日のように一緒だった。

そんなある日、一九五九年九月二十六日、伊勢湾台風が襲ったのだ。

伊勢湾台風と女と仕事

風が唸《うな》る。「ヒーヒー」と上空を過ぎる女の悲鳴! あんな音ははじめて聞いた。

強力な台風が東海地方を襲うという日、のんちゃんと私は、早目に局から帰された。不満だった。女性を保護するつもりだったかもしれないが、報道の仕事についたからには、何かやりたかった。忙しく働く男性のサブでもいい、お茶を入れるだけでもいい、役に立ちたかった。男達はそういう時に女を仕事に参加させない。

寮に帰され、することもなく自室におもむく。台風が近づいていたとみえ、風が唸るたびに、四帖半のガラス窓がしなう。雨戸もないので、今にも破れそうに弓なりになる。恐ろしくなってのんちゃんと二人、一階の管理人夫婦の隣の和室に避難。住居棟との間をつなぐ廊下も水浸し。やがて電気も消え、水道も止まった。

私達二人は仕方なくトランジスタラジオをつけ、片隅にあった碁盤を持ち出し、ろうそくをつけて五目並べをはじめた。話題は、なぜ男性達は、私達を同等に扱ってくれないのかという不満……ニュースだって子供向けのものしか読ませてくれず、仕事についたからには自己表現の場と心得ているのに、場を与えられない。

私達は、寮の名をとって「荒田のおろち」と呼ばれるほど酒が強く、毎晩誰かの部屋（他は独身男二十人ほど）で明け方まで飲んでも、仕事に影響したことはない。二日酔いでも、若かったから午後三時を過ぎるとしゃきっとして、夜になるとまた飲んだ。乱れることはほとんどなく、男の子達を送っていく。のんちゃんはどんな状態でも仕事は良くでき、頭が良く人をそらさない。飲むとちょっと可愛くなるだけ。

はじめて会った先輩がのんちゃんだったから良かった。真似てばかりではのんちゃんのようにはいかず、すべて違う発想をすることを心がけた。のんちゃんがこうやるなら、私は違うことを。人をそらさず器用に話すことは無愛想な私にはできないかわり、黙って考えて言葉を選ぶことでは負けないと思っているうち、自分の個性に気づいた。

のんちゃんはのんちゃん、私は私。のんちゃんがもっとできない人だったら、私も仕事はこの程度と思ってしまったかもしれない。

私が今も仕事ができている原点には、のんちゃんの存在がある。そして二人共、アナウンサーは自立するための足がかりと考えていて、目的ではなかった。当時から彼女は女優になると言い、私は物書きになると言ったと、著名な放送評論家が書いている。その意味で変わり種だったろう。


日本間から聞こえるラジオは、どこそこの瓦《かわら》が飛んだとか呑気なことしか言っていない。その頃、木曾《きそ》、長良《ながら》、揖斐《いび》の三川は氾濫《はんらん》し、海抜ゼロメートル地帯は水浸し、名古屋港内の貯木場から流出した巨大な材木が家々を押し潰していた。死者不明者合わせて五千人を越す戦後最大の台風が牙《きば》を剝《む》いた。私達も他から炊き出しをもらって食べた。

翌朝早く局から車が迎えに来て、その日から半年間一日も休まず、長靴にアノラック姿で現場を駆けめぐり、棺《ひつぎ》の置き場と化した校庭を取材し、親を失った子供へのインタビューなど仕事に追われた。川の土堤を通ると泥水の中に牛馬の屍体が浮かび、屋根の上で助けを求める人がいた。被害は日を追うにつれて増え続けた。今のように情報は早く伝わらず、もっともひどい地帯は連絡の手段すらない。

私達は懸命に仕事をした。臭いも汚れも気にならず、自分の務めを果たすのに精一杯。被災した人々を前にはじめて目が輝き、仕事の面白さを知る皮肉を味わうことになる。

私達の恋と結婚

のんちゃんの部屋には、若い男性の写真があった。同じ大学の演劇部の学生だと聞いた。当時彼女はノギと呼ばれていた。私も詳しくは聞かなかったが、舟橋聖一《ふなはしせいいち》の『白い魔魚』のモデルともいわれていたから憧れる男性は多かったろう。本人は「私は男運が悪い」と言っていたそうだが、あまりに整っていて近寄りがたかったかもしれない。

仕事からの帰り道、栄町のバス停の横に「十五屋」という当時にしてはしゃれた物を売るブティックがあった。二人でウインドウを眺めて、「ねえ、今度月給もらったら何買う？」「あのネグリジェにしようかな」。私は「口紅！」。月給が入ると、真っ先に飛んで行き、後先考えずにそれを買う。ストレス解消のために。のんちゃんが青、私が赤のチェックのおそろいのセーターを買ったこともある。

ＮＨＫから独立してしばらくして、「十五屋」のご主人から手紙をいただいた。「いつも窓越しに見ていたのはお二人だったんですね」。きっと印象深かったのだ。

寮にもどり、のんちゃんは買ったネグリジェでオフェリアに、私は口紅を華やかに塗った妖精と化し、一階から三階まで駆けめぐる。男の子達の前を……。そのうちのんちゃんより年上はのんちゃん派、私の同期生達はアコ派と分かれたりしたが、仲は良く、年一回の寮祭には劇団やら合唱団やらの女性がお目当ての独身男性の許《もと》に集まり、男性達が「白鳥の湖」など踊る。前もって近隣のお宅にあいさつし、その夜は無礼講。当時はやっていた渡辺《わたなべ》マリの「東京ドドンパ娘」を踊り狂った。まさに青春。荒田寮だけは、異文化の植民地だった。その頃の伝説は、いまだにＮＨＫ名古屋で言い伝えられている。

樺美智子《かんばみちこ》さんが亡くなった六十年安保のデモ行進にも加わった。

たぶん初体験は二人共その頃だったろう。

私はさり気なく旅の行きずりのような形で。そのことに意味を持たせたくなかったのでそのようにした。奈良県の御陵の古い濠《ほり》の近くの旅館だった。

蛙が鳴いていた。古池や蛙飛び込む水の音。芭蕉《ばしょう》の句が浮かび、何の感慨もなかった。

のんちゃんのほうは、相手の男性に言ったという。「海の見えるところでなきゃ、いやだ！」と。

毎日顔を合わせているから、誰に好意を持っているかカンで分かる。のんちゃんは、アヌイやジロドゥーなどフランス演劇にかぶれていたから、そうしたとり巻きもいたが。

私はその頃、前に書いた一目惚《ひとめぼ》れした音楽家と再会し、頭の中はそれしかなかった。私は何も言わなかったがのんちゃんは気づいていて、後にその人がスキャンダルに巻き込まれた時言った。

「アコ、変な人と結婚しなくて良かったわね」

私にとっては、罪に問われようが恋人に変わりはなかったが、その時は黙っていた。

NHK在局五年でのんちゃんはTBSの「女性専科」のキャスターに引き抜かれ、私も後を追うように九年でテレビ朝日のキャスターを務めることになった。フリーになり夢を叶える第一歩。間もなくのんちゃんは一年パリ留学。ミニスカートで帰国して話題になり、「赤いダイヤ」「キイハンター」と女優への階段をのぼりはじめる。そこで共演した千葉真一《ちばしんいち》さんと結婚。それまでとまったく違うタイプの男性だったので、みな驚いたが、頭でっかちのインテリの多い職場にいたから、かえって逆に、肉体を自由に使える千葉さんに惹《ひ》かれたのかもしれない。

「すごいのよ！　何でもできちゃう！」

その様子を語るのんちゃんの目は輝いていた。

私はその頃、あまりの私の生活感のなさから大切な恋を失い、生活の大事さを教えてくれた今のつれあいと暮らしはじめたばかりだった。時期的にはあまり違わない。

サヨナラ、のんちゃん

その後着実にのんちゃんは、テレビ中心に女優の道を歩んでいた。私も放送の仕事で食べながら活字の仕事を増やし、出版される本の数も増えていった。

接点は少なくなったが、偶然レストランや新幹線の中で会った。レストランでは千葉さんとの間にできたお嬢さんを紹介された。まだ五、六歳で、「下重さんよ、ごあいさつしなさい」と言う母の後ろで照れていた。

新幹線では、お互い地方へ講演に行く時が多かった。そんな折に洩《も》らした言葉が気になった。

「地方都市のキャバレーで唄ったりもするのよ」

「え？　どうして、のんちゃんが！」

思えば、千葉さんが後輩を育てるための施設を造るのにお金が必要な時期だったかもしれない。姐御気質のあるのんちゃんは、千葉さんの夢に協力しようと無理をしていたのか。そのことが嬉しそうではあったけれど。

あの頃のキャバレーといったら、紫煙もうもうたる中で酒を飲む空気の悪い場所で、彼女が肺ガンと聞いた時、そのことを真っ先に思い出した。お嬢さんは「そんな昔のこと！」と言うが長い間に蓄積されてはいなかったか。

何度も「会おうね」と言いながら、二人だけではなかなか実現しなかった。住む世界も違うのですれ違いが多く、お正月番組にＮＨＫがラジオの特別対談を考えてくれた時も、遺作となった「やすらぎの郷《さと》」の撮影が入っていて、その後と約束していた。

……こんなに早くいなくなるなら、なぜ無理をしてでも押しかけていかなかったか。最後に話したのは電話である。ケータイにかけるとすぐ出た。「今度こそほんとね……」の約束もむなしい。

千葉さんと別れて娘を育てながら、以前から住んでいた川口アパートメントと、私も訪れたことのある逗子《ずし》にある家を往復しながら犬四、五匹と暮らしていた。

年を重ねてからは意地悪なしゅうとめ役や女将役など個性的なものが多かったが、どれも全力投球。しかし、どこか覚めていた。若い頃から人の面倒はよく見たが、仕事を離れても何気ない風情の中に演技をしているように見える時があり、本人は無理をしていたのでなかったかと今にして思う。

私達の時代、男や社会に媚《こ》びず、さり気なく受け流しながら、自分の道を切り開いていくことは決して簡単ではなかった。自分の自由を得るためには、経済的自立と精神的自立が不可欠だった。私も子供の頃、戦争が終わり、軍人だった父が堕《お》ちた偶像となった中で、自分でそれを身につけてきたが、のんちゃんも弟妹がいる中で、長女としてしっかり生きねばならなかった。それを他人に見抜かれてはならない。そこで無理もしていた。

本来いい加減で自分勝手な私に比べて、きっちりした性格で社会性もあっただけに、しんどいこともあったろう。私は親しかった大島《おおしま》渚《なぎさ》監督から言われたことがある。

「野際さんは真面目な人ですね。あなたとは違う！」

だから最初の目的通り、最後まで女優であり現役だった。肺ガンと分かってからも酸素吸入器を持って撮影に臨んだという。私も最後まで現役でいたい。物書きとして……。その姿をのんちゃんは示してくれた。ほんとうにありがとう。

位牌のあるリビングにグランドピアノがあった。時々弾《ひ》いていたが、もともと彼女の家も私の家もピアノはなかった。その頃ピアノは豊かな家の象徴。そうした環境を乗り越えて私達は、自分で生きてきたのだ。

「家という病」が離婚を作る

野際さんと千葉真一さんが離婚した理由が何だったのかは、誰にも分からない。ひょっとしたら御本人同士も明確には答えられないかもしれない。

性格の不一致とか価値観の違いとかよくあげられるが、そうした抽象的な言葉では言い表せない現実があるのではないか。

それは何か。先に述べた雑誌のアンケート結果によると、離婚をしたいと思ったことのある人の中で「相手の親、親類とのつき合いが面倒」という理由が圧倒的に多く、次が「家事の負担が増える」だったという。

夫婦ふたりだけでなく、まわりとのつき合いが面倒なのだ。日本では相変わらず、結婚も個人と個人との結びつきではなく、その背後に家や家族が存在する。

夫婦げんかもそれが原因でエスカレートすることが多い。特に政府が進めたがっている、いわゆる三世代同居、親が一緒に住む場合に問題が起きてくる。妻が夫の親と住む場合には、古典的嫁姑の関係が出てくるが、夫が妻の親と住んだ場合にも同じことがいえる。私自身が体験済みだが、一人娘の私をとられたような気になったらしい。私の母は決して理性のない女ではないが、なにしろ〝暁子命〟の人だったから、つれあいのやることなすことが気にいらない。それを直接言えないものだから、暗に私に不平不満を言う。

つれあいの仕事は当時、テレビの報道屋で、切った張ったの世界。夜は遅いし、徹夜で帰らぬこともある。

私自身は、同じマスコミの出身だから当たり前だと思っているのだが、母には理解できない。いくら口で説明されて分かったつもりでも気持ちが言うことをきかない。不満はすべて形を変えて私に向かってくる。彼のほうは仕事に追われ、海外特派員勤務などもあって母と直接顔を合わす時間は少ないから、母にどう思われているのかを感じたかどうか。一手に引き受けるほうはたまったものではない。

私だって忙しい仕事を続ける身、自分の気持ちを平静に保っていることがむずかしくなる。つい誰かに当たりたくなるし、母に言い返せばよけい面倒な結果になることは目に見えている。つれあいには言いたくないし、自分の中でストレスが徐々に溜まってくる。

父がいる間はまだ良かったが、母一人になると、まっすぐ私に向かってくる度合いが増えた。実家に置いていくのは辛かったが、思い切って、都心のマンションに引っ越すことにした。いつでも母が来て泊まれる部屋を用意して……。

母も意地っ張りなので、来ても、決して泊まらずに帰っていったが、私はせめてもの親孝行のつもりで、毎日、どこにいても必ず、夜九時から十時には電話をした。母のためにというより自分の安心のためだが、母は毎日心待ちにしていたようだ。

だが少し距離を置くことによって、母のつれあいへの不満や愚痴は少なくなった。目の前にいないとあまり感じなくなるのだろう。人間関係がうまくいかない時は物理的な距離をとることと、そのことで緩和《かんわ》される部分が多い。一人になって冷静に考える余裕も出てくる。

私がつれあいの家族の間に入る時は、最初から自分の姿勢をはっきりさせた。普段は別居だし、向こうの両親も親族も「あの人は仕事で生きていく人」と認めてくれたし、私もそれだけの仕事はしていた。

正月には両親の許《もと》を訪ねたが、台所で立ち働くのは義母と義姉と料理好きなつれあい。私はというと、気むずかしい官吏《かんり》の義父とこたつに入ってお喋《しゃべ》りをし、御馳走のできあがるのを待っている。義父はなぜか私と話すのが楽しいらしく、好きな酒をちびちびやりながら、お相伴《しょうばん》をしていると、だんだん本音が出て可愛くなってくる。

なんといっても義母が賢い人で、子供時代に家族の間で苦労しただけに、まったく愚痴や不満を言ったことがない。私も義母が大好きで、一人暮らしになってからは夏、軽井沢に招《よ》んで猫ともども過ごすことが楽しかった。

男女ともDVの加害者になる時代

具体的な結婚生活の中での不平不満……それも他者がからむものはどんなかたちで出てくるか。我慢しきれなくなると、共に暮らす相手に向かって発散されることになる。親への不満であっても、それを見ぬふりをして介入せず、相変わらず親にはいい子ぶっている夫が我慢ならない。そんな中で堪忍袋の緒《お》が切れると、DV（ドメスティック・バイオレンス）という極端なかたちをとってくる。

女から男へのDVが最近は増えているというが、女からのDVは言葉によるものが多い。力では男に負けてしまうので、悪口雑言《あっこうぞうごん》のかぎりをつくすことになる。

さもなければ陰湿ないじめになって夫に向かってくる。直接言うならまだしも、子供も巻き込んで聞こえよがしに言う。

「あなたはお父さんみたいになっちゃ駄目よ！」

夫が無能で稼ぎも悪く、出世もしないにしても、それをじくじくと子供に言うことで、子供にも夫を馬鹿にさせる。

これがDVでなくて何だろう。まだ面と向かって口汚くののしり合う夫婦げんかのほうがすっきりしている。

DVは二〇一七年まで十四年連続増加、特に子供の目の前で親が暴力をふるう「面前DV」は問題が多い。

「夫婦げんかは犬も喰わない」というのは今も昔も同じ。ただ、昔は他愛のない話だから犬も喰わなかったのが、今では相手を面罵し、相手をやっつける関係など、ほんとうに犬もそっぽを向くだろう。

今まで耐えてきた女からの反逆というのなら、正々堂々と議論したほうがいい。子供やママ友に愚痴を言うひまがあったら、自分の選んだつれあいに物申すにしくはない。

夫から妻へのDVは、相変わらず暴力をふるうケースが多い。

つれあいの教え子も夫の暴力体質に気づいてすぐ離婚したが、傷が浅いうちで良かった。これがエスカレートすると、夫婦間の殺人事件というところまでいくケースだってありうる。

離婚に至る原因は、違う人間が一緒になった時からあるのであって、我が家でも可能性は十分ある。その時その時で危ない橋を上手に渡ってきたのと、小さいうちに問題を回避していただけで、誰にでも起こりうることなのだ。

子供のいるほうが強い離婚願望

最近の調査では、子供のいない夫婦よりも子供のいる夫婦のほうが離婚願望が強いのだそうだ。

以前雑誌『アエラ』(二〇一七年三月二十日号)の特集「1千人アンケートに見る結婚の真実」で読んだ時は「ほんとかな」と一瞬思ったが、よく考えてみると、「なるほど」と納得がいった。私のまわりの仕事をしている子のない夫婦は、みな仲が良い。べたべたせず、自分の世界を持っているせいか、よりかかることが少ない。

そして二人だけでいられる貴重な時間を大切にしようとする。時間は少なくとも話は密になるし、煮つまった時には、仕事という逃げ場もある。

夫婦という観点からいくと、子のない夫婦のほうが颯爽《さっそう》としてすてきに見える。一対一、個対個の関係にあるから、結びつきが強いともいえる。

では、「子はかすがい」という言葉はいったい何なのか。夫婦間をつないでいるのは、二人の間にできた子供であって、子供を育てることで夫婦の絆《きずな》が保たれていたのが、最近は大きく変わりつつある。

夫と妻という個人ではなく、子供をはさんで子供の父親、子供の母親という役割分担になってしまって、パパ・ママ、お父さん・お母さんとの呼び方になる。

会話といったら子供のことしかなく、お互いの会話はだんだんに薄れていく。それが続くと話の糸口すらなくなり、極端にいうと子育てのための夫婦と化していく。

日本ではそれが良しとされる風潮があるが、欧米では、子供を入れない大人同士の社交の場が厳然としてある。夜の時間はおおむね大人の時間で、ちょっとしたレストランでは子供お断りのところが多い。

日本でも少しずつ増えつつあるが、ファミレスの全盛を見れば相変わらず、子連れのファミリーがいつでもどこでも大手を振って歩いている。夫と妻の会話が少なくなっていくのはしかたがないことなのかもしれない。かつて「子はかすがい」であったはずが、夫婦間を引き離す原因にすらなりかねない。

子育てが終わって二人きりの老後がもどってくるまでの長い時間ですれ違ってしまったものを、今さら埋めようとしても、その方法を見失ってしまっている。子がいなくなってからの老後、二人でいることに耐えられずに熟年離婚に至る夫婦が増えるのはもっともだと思う。

日常の中で、子供の入り込まない夫婦だけの時間をどれだけとれているか。

実際には夫も妻も忙しく、育児を分担していても、二人だけの時間をとるゆとりなどめったにないのが現状だろう。日本には、子供を大事にするというと聞こえはよいが、子供にかかりっきりで、高校、大学、就職して一人前になっても子供中心の家庭は多い。

最近では「代理婚活」といって、子の身上書と写真を持って親が子供の結婚相手を探す交流会があるのだそうだ。白髪の母親が杖をついて婚活する姿とか、中年の息子の健康診断のデータを握りしめて直談判する母親さえ見かけるという。

これではいつになったら二人の生活が訪れるのだろう。子供が育つまでの我慢などもっての外なのだ。その間に失われていくものがいかに多いか、早く気がついた人達は離婚を選ぶ。しかし子供を連れて離婚することで、いわゆる母子家庭、父子家庭が増え、それが貧困につながっていくこともある。

いずれにしても、子供のいることが夫婦をつなぐ絆ではなくなっているのだ。むしろ子供のいることが夫婦の会話をなくし、夫婦を引き離す原因にすらなっている。

少子化対策に政府は躍起《やっき》になっているが、夫婦の実態をよく知ることこそが大切であり、子供さえできれば安泰などという時代はとうに過ぎ去っている現実をよく見るべきだ。

離婚した人々には、子供がいようといまいと新しいパートナーと暮らしはじめるケースもある。

その場合、面倒な籍を入れず、二人以外の親や親類とのつき合いのない、一対一の関係を大事にする。私のまわりにもこうした暮らし方を選ぶ人がどんどん増えている。

「再び結婚するメリットが感じられない。好きで一緒にいられるだけでいい」というのが本音なのだ。

パートナーとの適切な距離感とは

男と女、二人連れが歩いている。夫婦だろうか、恋人同士だろうか。見分けるのは決してむずかしくはない。恋人同士の場合は、常に二人で会話をしているか、相手の目を見つめているか、ともかくお互いに相手への思いが溢《あふ》れている。二人の間には快い緊張感があって、非日常の空間がある。恋愛とは、二人だけで世間から隔離されたいと願う非日常の出来事なのだ。

それに比べて結婚は、もう世間に知れ渡ってしまって、みんなから容認された間柄。しかも堂々と一緒に暮らしているから、これはもう日常である。そうなってしまえば、緊張感などなくなって安堵感のほうがみなぎっているから、一見してすぐ分かる。

「いつまでも恋人のような夫婦」というが、ほんとうにそう願うなら、日常にならない、非日常の間柄を選ぶべきだ。みんなに容認されたとたん、その恋は色褪《いろあ》せてしまうだろう。

不倫や人知れずのときめきなどが輝いて見えるのは、それが非日常であるからであり、ほんとうに恋をしたら、結婚などしないのが賢明かもしれない。

しかし世間の目はうるさく、面倒くさいので、恋する二人はもっと安心して会える暮らしを望む。そして結婚という「罠」に落ちる。その結果日常にとり込まれて、あのときめきは何だったのだろうということになる。

かつての輝かしい時間を残しておくためには、できるだけ夫婦になっても適切な距離を保っておくしかない。そのためには、必要以上に相手の心の中に踏み込まない。何でも知りたいと思わず、「ここから先は立ち入り禁止」の立看板が必要になる。個が個であるための部分はお互いに持っていたい。

パートナーに対しても、再婚した相手に対しても同じことがいえる。根掘り葉掘り興味本位に聞かれたのではたまらない。過ぎたことはそれで終わり。本人の中で整理がついていればそれでいい。他人が関与する場ではないはずだ。

実はつれあいは、バツイチである。若い時に同じ会社の女性と結婚してすぐ別れた。相手の女性は、私も知っている感じのいいひとだった。

私が知り合ったずっと以前に別れていたが、私自身、結婚など考えてもいなかったし、前述の通り、他の男性と大恋愛中でもあったのでまったく興味がなかった。飲み友達がこうじて我が家で一緒に暮らそうという段になってただ一度聞いたことがある。

「一度だけ聞いておきたいんだけど、どうして別れたの?」

その返事によって、私は共に暮らすかどうかを決めようと思っていた。もし相手の女性を悪く言ったら、一緒には暮らさないと思っていた。同じことだからだ。別れた理由を相手のせいにするような男は、私に対しても必ず同じ結果になる。

人のせいにせず、自分の至らなさだと言ったので、信用する気になった。それだけ聞けば十分だ。以来一度も聞いたことはない。それは私の関することではないからだ。逆に私はといえば、大恋愛について聞かれもしないのにつれあいに話したものだ。

自分から話したければ聞く、話したくなければ聞かない。それがルールだ。「そう」と言って通り過ぎ話題を変える。私達はその意味で相手に入り込まず、水くさい関係であることを守っている。

第４章　保守的な男と翔びたい女

人生設計などいらない

人は結婚を契機に人生設計を考えるのだろうか。私の場合、そんなことはなかった気がする。すでに三十代だったが二人の将来の設計などなく、私自身の人生設計は、微《かす》かながら見えていた。

第一、何歳まで生きるかも分からず、この先何が起きるかも分からず、二人がいつまで一緒にいるかの自信すらない。

それは誰しも同じこと。だからこそ、結婚式であてにならない誓いの言葉を述べてお互いをしばりつけようとするのだろう。式も誓いの言葉もない身には、漂う浮草のごとく、ま、なんとなく無理せず一緒にいられればいいと考えていた。

結婚したからといって格別の変化もなく、つれあいの勤めの都合上届けは出したものの、世間様には葉書一枚に一緒に暮らしはじめたという御報告のみ。さほどの自覚もなく、一人でいた時とほとんど変わりない毎日だった。

夜一緒に酒を飲み、食事をする相手ができただけで、仕事はそれぞれが勝手に続け、一緒にいられる時だけ共に生活する。自分の生活を変えるなど考えたこともなく、結婚はただの通過点で、私自身何も変化はなかった。

結婚によって自分が変わると思っている男女が多いが、もしほんとうにそうだとしたら、私は結婚などしなかったろう。

三十六歳と三十三歳、それぞれ違う生きる土台ができあがって、それを認めるからこそできたのだ。

だから二人の人生設計などまるでないといって良かった。二人共通の人生の目的などなく、私には私の、つれあいにはつれあいの、二つの人生の目的があっただけだ。

つれあいの目的なるものは聞いたこともなく、それほど関心もないので、私は私の人生の目的を追うことしかなかった。

普通は何年か先に目標を定めて、そこから逆算して行動するのだろうか。子供を作り家族という仕組みに組み込まれることを考えると、子供の成長と定年を考えて三十年先くらいまでが一区切りだ、と友人は言った。

私たちは、子供を作る気も家族という一単位に押し込まれる気もないから、三十年、定年を迎えることが一区切りということが分からない。せいぜい予想できるのは十年一区切りと、なんとも大雑把なものだった。

最初に就職したNHKを十年以内に辞めて独立する。それ以上いて足をとられて翔《と》ぶ勇気がなくなっては困る。そして予定通り、九年で民放のキャスターのオファーが来て、独立。まず経済的地盤を作って、少しずつ最初の目的だった活字の仕事を増やしていく。

四十代にかかる頃、つれあいが勤めていたテレビ局の中東特派員として、支局をベイルートからカイロに移したのを機にカイロに半年間滞在。物書きとしての仕事を増やしていく。喋《しゃべ》る仕事と書く仕事の二股をかけていてはらちが明かない。自分の決断でカイロに飛び、そこでそれまで気づかなかった価値観に目覚めた。

夕暮れ時、ピラミッドからサハラに続く砂漠を一人の老人が旅立つ。いつどこへ着くのか。途中、何が起こるか分からない厳しい自然の中、予定など立たない。着いた時が着く時なのだ。

私たち文明社会に住む者の持つ時間は、予定でがんじがらめになっている。たとえば定年になる三十年先に目標を定め、そこから逆算して、結婚し、子供を作り、ローンを借りて家を建てる。会社の時間に合わせて起きて、そのため前日何時に寝るという、まさに逆算人生。本当の時間とは、今から未来に向かうもの。あの老人のように、できた時ができる時なのだと思うと焦《あせ》らなくなった。

ノンフィクションなど長いものを調べて書き、ようやく書く仕事が増え、六十代も末になって就《つ》いた日本自転車振興会（現ＪＫＡ）の会長を経て、ほんとうに物を書く覚悟ができた。

私の場合、自分の人生の目的はあったが、つれあいと二つの平行線が前に進んだだけだ。いつ別れても一人で暮らせる準備を常にしていた。一人なら自立は当然。二人暮らしでこそ、自立が試されるのだから。

結婚してからも「恋」はある

不倫騒動はなぜ週刊誌のネタになるのだろう。

野党第一党の幹事長になるとも目されていた山尾志桜里《やまおしおり》議員が、弁護士との仲を週刊文春に記事にされ離党した。

その会見を見て怒りがこみあげてきた。またしても有能な人材が一人失われた。彼女の頭の良さ、凜《りん》として自民党議員を追及する時の鋭さ、美しさ、特に「保育園落ちた日本死ね!!!」のネット上の母親の言葉を引いた質問はすばらしく、多くの共感を得た。それだけにもったいない。めったに出ない人材だけに狙い打ちにされたのだろうか。

彼女にも九歳下の弁護士にも配偶者と子供がいる。だから不倫というのだろうが、こうしたプライベートな事情は、当事者で解決すればいい。なぜ週刊誌をきっかけにネットで炎上し仕事や社会的地位まで奪ってしまうのか。

夫や子供がいなければ何も言われない。母・妻として役割のある女性だからこそそのバッシング。それは多分にそういう有名人へのジェラシーがあるのではないか。

最初はベッキーと男性歌手との不倫だった。ベッキーも有能なタレントだが、ＣＭから番組まですべてを失った。実力があるから必ず出てくると信じていたら、また姿を見るようになってほっとしている。

なぜ経済的手段まで奪われるほどのバッシングを受けるのか。別に殺人や傷害事件でなく、自分の情熱に従っただけなのに。

たしかにこの手のスキャンダルというか噂話は面白い。私だって興味を持って一瞬聞き耳は立てる。しかしそれまでで、それ以上は当事者のことだと考える。

むしろ、夫と子供がいて、妻と子供がいても、人を好きになる感情があって良かったね、と思う。

瀬戸内寂聴《せとうちじゃくちょう》さんが「残された日々」（朝日新聞　二〇一七年九月十四日付朝刊）の中でこう書いていた。

「不倫も恋の一種である。恋は理性の外のもので、突然、雷のように天から降ってくる。雷を避けることはできない。当たったものが宿命である」

その通りである。恋多き女といわれた寂聴さんならではの言葉で、恋は前触れもなく襲ってきて、気づいた時には手遅れだ。

好きになった人にたまたま夫や子供がいて、のりこえるべき壁があるとますます燃え上がる。妻や母親といった役割以外の個の目覚めでもある。

山尾さんやベッキー、それに女優の斉藤由貴《さいとうゆき》などは、私人としての他に公人でもあるから、プライバシーがさらされてもしかたない面もある。しかし、その人の生活や経済力まで奪うことは何人《なんぴと》たりとも許されない。

あなたは、妻や母、夫や父以外の顔を持っているだろうか。人に知られぬ顔こそ本当の姿なのだ。人を好きになったら、それに賭ける覚悟があっていい。

斉藤さんは女優だから、恋は演技のこやしにもなろう。山尾さんも自分を持った人だから、へこたれまい。

そしてもう一つ私が気になるのは、不倫のバッシングはおおむね女に向けられることだ。ベッキーの場合も、相手の男は傷つかず仕事も順調。山尾さんの場合は、名を知られて有能なだけに標的にされた。

これが女性差別でなくて何だろう。男の場合は、かえって男の甲斐性のようにすらとられて損にはならない。恋にまで差別があるのか。私が怒っているのはそのことなのだ。

不倫騒動に興味を持ったら、なぜそんなに興味があるのかを見つめてみよう。自分自身を観察する良きチャンスになる。とあるテレビ出演の際、不倫について聞かれた。即座に「好きになったらしょうがないでしょ」と答えた。私の正直な感想である。

別の人生を歩む選択

もしあの時、違う選択をしていたら……と考えることはないだろうか。自分の人生は大きく違っていたのではないか。岐《わか》れ道でどちらをとるか、その選択は自分にかかっている。迷いはあっても最終的に自分で決断したなら、悔いはない。しかし他人の意見に従ってしまったら……。後悔は永久に残る。

前にも書いたが、かつて私には惚《ほ》れぬいた男《ひと》がいた。まわりも一緒になるのではと予想し、親もその方向に行くと考えていた。

もしあの時……私が彼について行く決断をしていたら、仕事を気にせず、我が身を賭けて翔んでいたら……。

もしも……は一度ならず、二、三度そのチャンスを神様は私に与えてくれた。どうしても翔べなかったのは、私に原因があった。

彼との生活をはじめていたらと想像することは、今では甘酸っぱくも楽しくもある。けれど現実になっていたら、間違いなく別れていたに違いない。惚れぬいていただけにずたずたに傷ついて、立ち上がれぬほどのダメージを受けて。

それが分かっていたから現実に立ち向かわなかった。正解であり、私の選択は賢かった。その部分だけが悔いが残る。いつだって先が見えてしまって危険をよけて通る自分自身の弱さが嫌いだ。二度とない恋だと分かっていながら、そのチャンスを逃げた自分の卑怯《ひきょう》さが醜《みにく》い。

当たって砕けなかった私の賢さとは何だろう。

「君は賢いね」と度々彼は言った。気づいていたのだ。そんな私が恋を失うのは当たり前だ。

彼には破滅型のところがあって、それに気づいていたからこそ、ついて行かなかったのだろうか。刺すような黒い目は暗示していた。それを上手に避けて、私は自分で生きる道を選んだ。

もしあの時、ついて行っていたら、私は尽くせるだけ尽くしてボロ切れのようになって別れていただろうか。

いや、私が私である限り、どこかで私自身に立ちもどって、最初から目指していた自分一人を食べさせる生活にもどっていたろう。物を書くこともどこかではじめただろうし、結局は道筋が違っただけで、今の私と大同小異の結果だったかもしれない。

女は後もどりしない

結婚して一年になろうとする若い男性編集者が、「ちょっと御相談があるのですけど……」と言う。仕事ではなく、プライベートだというから、離婚？　と早とちりした。最近若い人から相談を受けるのは、まず離婚と思って間違いがないからだ。

つれあいの教え子は、親しい順にすでに離婚し、先日、軽井沢へやって来た子連れの三十代の女性も、深夜一時まで心情を述べて涙ぐんだ。

「ブルータス、おまえもか？」と思いつつ話を聞いたものだから、ますます思い込んでしまったのだろう。

ところがまったく違っていた。離婚は離婚でも、母親の離婚だったのだ。長男である彼が結婚したということもあって、突然家を出たという。

母親は私よりも年下で、キャリアウーマンだったが定年になり、同業者の父と二人だけの生活がスタートした矢先だった。彼は驚いた。まさに青天《せいてん》の霹靂《へきれき》。考えもしなかった。子供から見ても夫婦仲は決して悪くはなかった。

きっと長い間考えた末の行動だったのだろう。思いつきなどで簡単にできはしない。父はまったく気づいていなかった。

家を出て母は、かつて学生運動を共にした男と暮らしはじめた。長い間の念願だったのか、二人の間にどんな歴史があったのか……。現在二人で住んでいるという。

編集者の彼は、母が行動を起こすにあたって本人から直接その話を聞かされたというが、信じられない思いが捨てがたい。事実を目の前につきつけられても……。母は欺《だま》されているのでは？　という思いが拭《ぬぐ》えない。

相手の男性は、長く定職に就いたことがなく、定年になるまで仕事をし、自分の家も持ち、年金などの収入もある母の許《もと》にころがり込んだのではないか、と言う。母は利用されていると思いたい彼の気持ちはよく分かる。

しかし、一度翔んだからには元へもどりはしまい。若い女性ではない。人生を自立した女性として過ごし、長い間心に秘めた思いが土台にある。いわゆる熟年離婚……。

女は一度決意したらもう後ろは向かない。男は、安穏で馴《な》れた生活を捨てて新しい人生に賭けるなどめったにないが。

女には長い間、耐えた暮らしと思いがある。それが機会を得て行動に踏み切ったなら、いくら彼が心配しようと、「残念ながら元へはもどらない」と私は言った。もしこれが私であったなら、やはり、それまで存分に考えて出した結論をくつがえしはしないだろう。

たとえ彼の言うように、相手の男性に欺されているのだとしても、女には欺されてみたい気持ちもある。

好意を持った男性に欺されるなら、本望でもある。経済力さえ自分にあれば、経済力のない男性を庇護《ひご》したい気持ちすらある。母性本能で相手を自分の翼の下にかこい込みたい気持ちだってある。

フランス語でジゴロという言葉がある。シャンソンなどによく登場するが、私はフランスかぶれだった若い頃から、ジゴロ——日本風にいえば若い燕《つばめ》を飼ってみたい欲望があった。

チャンスさえあれば……。

私は、彼の母親の自由への欲求と勇気ある行動に拍手を送りたい。残された夫は気の毒だが、たとえどんな結果になろうと、自分の行動に責任さえ持てればいいではないか。

家事は女の仕事という刷り込み

かの編集者からの相談の続きを、先日会った時に聞いてみた。そのままの状態が続いているらしい。

ところが、私にとっては驚くべき事実を聞く破目になった。家を出た母親が時々帰ってきては、家の掃除や整頓をし、食事を作っていくという。

一人きりになった夫の身を案じて、自分の責任として、妻の務めをするために帰ってくるのだろうか。

長年暮らした夫に今も愛情が残っている証拠なのか、せめて妻の役割を果たして許しを乞うているのか。真意は私には知る由《よし》もないが、家を出てまもなくからその行為は続けられているのだという。

お互いの家が比較的近いせいもあるだろうが、夫であった人の留守に訪れるのだろう。それをどう読みとったらいいのだろうか。食事を作り家事をするのが習《なら》い性《しょう》になっているのか……。立場を変えてみると、夫の側からは、ひょっとしたら元にもどってくれるのではないかという淡い期待を抱いてしまう。

きっぱり断念しようと考えていても心が揺らぐ。ある意味、生殺しの状態ともいえるのではないか。さもなければ、これからの晩年、新しいパートナーも含めて三人仲良く友達のように暮らしたいのだろうか。

私自身、頭ではそれもありだなと思うし、うまい具合に打ち解け合えれば老後の暮らし方として悪くはないと思うが、そんなにうまくいくものだろうか。

その母親は仕事もでき、自分の考え方をきちんと持つ人だけに、そこまで考えているかもしれないが。

だが私にはできそうもない。心が片方に移ってしまっている以上、人間の感情として何事もなく仲良くなどできそうもない。私なら、今のつれあいと、もう一人のだれかと三人でうまくいく方法があればそれを選ぶだろうが、人間関係の複雑さにお手あげになるのは目に見えている。

新しい生活がうまくいかなかったら元にもどるなどという、虫のいい考えではないはずだ。男は時に愛人と暮らして、破綻《はたん》すると元のさやに収まるというケースもあるようだが。

私の友人にもいる。離婚後、元の夫が心配で、子供に様子を聞いたり、留守を見計らって夫の暮らしぶりを見に行って、酒のつまみを作って置いてくるのが。

彼女の言葉を借りると、手が勝手に動くのだそうだ。馴染《なじ》んだキッチンに立つとまるで一日四、五時間練習するピアニストのように、指が勝手に動き出す……。

ほんとうだろうか。日頃からキッチンに立って食事を作るのはつれあいで、ほとんど作らない私には、にわかに信じがたい話である。

病気で起きあがれない時でも、何もできない夫を気遣って、ふらふらしながら料理を作るけなげな妻はいくらもいる。

私には不思議だ。あまりにも刷り込まれていないだろうか。家事、特に料理は女の仕事だと。

その刷り込みをなくしたい。自分に代わって家事をしてくれる夫に向かって、必要以上に

「ありがとう」と思ってはいないだろうか。男だけでなく女自身がどこかで、家事は自分の仕事と思い込んでいる。それを代わってもらったからという「ありがとう」と、ただのあいさつとしての「ありがとう」は違う。私は軽い気持ちでしか言わない。先ほどの編集者の母親も、覚悟をして家を出たはずが、家事という務めからぬけきれていないとしたら哀しい気がする。

恋を反芻する幸せ

かつて「初恋談義」という番組があった。フジテレビの「小川宏《おがわひろし》ショー」の中の人気コーナーであった。様々な分野の人が登場し、初恋の話をする。憶えていることをもとにしてスタッフがその人物を探して番組の中で御対面となる。

私もゲストで二度出演した。初恋が二度というのも妙な話だが、最初は小学校の四、五年生の頃、一方的に憧れていて口をきいたこともない。もう一つは高校時代のボーイフレンド。大人になりかかっていたので現実味を帯びている。

小学生の頃、私は結核がようやく小康状態になり学校にもどったばかり。毎朝、我が家に来る牛乳配達の少年（当時多分中学生）を二階の自室から垣間《かいま》見るのが楽しみだった。

早朝、六時頃、ガチャンと牛乳ビンの触れ合う音がする。家の前の道はまだ舗装されておらず、自転車がでこぼこ道の石に乗り上げるのだ。

それを合図に五センチほど二階の窓をあけると、少年の横顔が見えた。端正なギリシャ彫刻のような色白の顔立ち……。その日は一日幸せだった。

病弱で頭でっかち、おませな少女は一人で胸を焦がしながら、相手に覚《さと》られてはいなかった。祭りの日、彼が浴衣姿の大人の女達の間でもてはやされていたのを見てショックを受け、近くの大和川の川原で偶然見かけた時は、胸の高鳴りが収まらなかった。

中学生になり列車通学する高校生の彼と同じ車輌に乗り合わせ、帰りの岐れ道、後ろ姿を見送っていると、ふいに後ろを向き、私にだけ分かるように手を振ってくれた。その日からお互いに合図をする習慣がついた。

そんなことをスタッフに話し、当時住んでいた場所を教えただけで、彼の名前も名字しか分からなかった。

三十年以上経っているから見つかるはずがないと思っていたら、生番組がはじまり、再現ドラマを終えていざ御対面となってカーテンがあくと、大人になったその人がいた。いったいどうやって探してきたのか、スタッフの調査力は凄《すご》かった。

無我夢中のうちに番組が終わり、二人でお茶を飲んだ。実感がなく、何を喋っていいのか困ってしまった。

彼はその頃、私への贈り物を持って我が家に来たという。そんな憶えはなく、どうやら心配した母が、私に告げずに持ち帰ってもらったらしかった。なんてことを！　向こうだって毎朝、二階の窓からのぞいている少女に気づき、憎からず想っていたというのに……。もし知っていたら何らかの発展があったかもしれない。

私は、高校を出て東京にあった父の家に移って大学に通い、彼とは縁がなくなったが、まさかこんな出会い方をするとは。ピンとこなかった。目の前に坐る男性が〝その人〟とは……。

別れのあいさつをして彼が立ち上がった。後ろ向きになった時、端正な横顔と細いうなじが見えた。

「この人だ！」間違いなくこの横顔。三十年の月日を越え胸がキュンと鳴った。初恋だった。はじめて異性に心ときめかしたのだった。

時を経て、ほんものの恋愛を知るが、あのときめきの感情は何物にも代えがたい。私の人生には、反芻《はんすう》してみたくなる瞬間がいくつかある。それは私の財産であり、潤《うるお》いである。

いくつになってもその感覚を大事にしたい。

反芻する恋がある限り、私は年をとらない。少女にもどれる。

夫への復讐

日本ペンクラブの「川端康成《かわばたやすなり》の伊豆」という催《もよお》しのために、作品をいくつか読み返してみた。日本ではじめてのノーベル文学賞の受賞者であり、日本ペンクラブの会長を十年以上務め、国際ペンの副会長でもあった。

私の好きな作品は、『禽獣』や『片腕』などの短篇だが、有名な『伊豆の踊子』や『雪国』を再び読んで発見があった。登場する女性達がみな、意志的な強さを持っているのである。

『伊豆の踊子』の有名なセリフ、「いい人はいいね」にしろ、福田家に滞在する学生に共同風呂から裸で無邪気に手を振ってみせる場面――幼いといえば幼いが、意識するにしろしないにしろ、意志表示でなくて何だろう。この場面に読者は感動する。『雪国』の駒子にしろ葉子にしろ（私は葉子の思い詰めたような一途さが好きだが……）、実にはっきりと物を言い、島村に対する。それにひきかえ男達はみな受け身で、彼女達に対して何もできない。何もしない、できないことに甘えているように見える。女達はみなしっかりして強いのだ。

実際の女達もそうであろうか。封建時代から実は家の中で強いのは女であり、長い忍耐を強いられただけに強固であった。私の母も日本一の豪雪地帯といわれる雁木《がんぎ》の町、上越高田の在の出であるから、半年もの間、毎日降り積もる雪の下で蓄えられた強さと秘めた情熱の持ち主であった。ほとばしると何人も負かしてしまうほどの意志……。そのために私はどのくらい、彼女の見えない手に動かされてきたか。

川端作品でいえば、何気ない鎌倉の一家を描いた『山の音』。主人公の男性は息子夫婦と一緒に住んでいる。嫁の菊子は見た目も美しく、楚々《そそ》としてよく気のつく主人公お気に入りの嫁である。それなのに息子は他に愛人を作り、家になかなか帰ってこない。恨みを表面に出すでもなく、菊子はさり気ない風情で暮らしている。

はがゆいくらい従順に見える。子供はいないが、その後、菊子が妊娠した時、彼女は夫に告げはするが、「今はその時でない」と、敢然と一人医者へ行って堕胎してくる。その意志と行動に、彼女の思いがつまっている。長い間の夫への復讐でもある。

ここでも男、特に夫の影は薄い。夫の愛人にも子供ができるが、彼女も彼に告げず、ひっそり産むつもりだ。その意志力。女達はいざとなったら、信じられないくらい強くなる。男達は知っているのだろうか。

知っているからこそ、家庭の中で波風立てず、外で欲望をぶつける行動に出るのかもしれぬ。しかしほんとうの女の強さを知っていれば、違ってくるはずだ。なぜ男が女の強さに気づかず、あるいは気づかぬふりをしているのかというと、男は女の強さを認めたら勝てないし、できれば家の中の妻・母親という役割に収まっていて欲しいと思うからではなかろうか。

夫婦は「割れ鍋に綴《と》じ蓋《ぶた》」、他人からどう見えようとも、二人の間で微妙な均衡が保たれていればいい。

文豪の妻には「悪妻」と呼ばれる女性が多い。夏目漱石《なつめそうせき》に於《お》ける鏡子《きょうこ》夫人、トルストイの妻などなど。何をもって悪妻というのかは分からないが、少なくとも夫に従って家事全般ぬかりなく、良き母であるのとは逆である。

役割を拒否して個人であるという事実。悪妻であるほど夫である作家たちが良い仕事をしたというのは、二人の間に人間同士の闘いがあり、作品のテーマにもなる個を持った女性だったといえるのではないか。

『死の棘』と愛の深淵

島尾敏雄《しまおとしお》の小説『死《し》の棘《とげ》』は、凄まじいまでの夫婦愛を描いた名作である。あまりの悲惨さに読み続けられなかった人もいるだろう。

一九九〇年に映画化され、二〇一七年には妻ミホの原作により映画『海辺の生と死』にもなっているから、見た方もあるだろう。私は、小説『死の棘』しか読んでいないが、圧倒されて読み終わるまで本を置けなかった。

島尾敏雄とその妻ミホは、奄美《あまみ》の加計呂麻《かけろま》島で恋に落ち夫婦になって男女二人の子をなす。十年後、敏雄の愛人が発覚してから、ミホは執拗《しつよう》に謝罪を求め、夫を監視し、それが発作のようにくり返される。ついには理性を失った状態になり、精神科病棟に隔離され、つきそいの夫も共に病棟に入る。

発作の起きない時は、かつてのように明るく可愛い妻だが、夫の愛人「あいつ」への恨みは深く、夫の行動を手紙、電話、行き先に至るまで逐一報告させる。普通ならキレるところだが、自分に罪の意識があり、ミホへの愛情を持ち続けている夫は、妻の言いつけに従う。

いつ発作が起こるともしれぬ妻と行動を共にし、その様子を「カテイノジジョウ」と言う二人の子供が哀れだ。しかしこの四人は深く結ばれていて、外界と切り離された空間に生きている。特に夫と妻は。

究極の夫婦愛とはこうしたものか。相手の目は常に自分に向けられていなければならず、一刻たりとも他のものに奪われてはならぬ。ほんとうに二人の男女が愛し合うと、お互いを傷つけてしまうのだろうか。世間から切り離されお互いだけを見つめ合う。私にはとてもできないと思いつつ、一方で羨望《せんぼう》を禁じ得ない。

相手をより深く理解し、一体化するためには、相手のすべてをえぐり出し、自分を納得させなければいられない。そのためには独占しかなく、相手の自由など認めるわけにいかない。たった一つの事実が引き出した疑念に引きずられて……。いくら夫が謝ろうとも、またむくむくと疑念が生まれ、妻は大声を出し、狂気とも思える行動に出る。それをなだめつつ仕事もせねばならぬ夫の心境。夫は妻の発作の起こらぬよう願いつつ従い続ける。

転居先へ愛人が会いに来たのをきっかけに、症状が治まりかけていた妻は傷害事件に至るほどの行動に出て病棟に隔離される。

この妻が正常にもどるのは、買い物に行ったり知人が訪問したり、他人の目のあるところ。社会の視線の中では以前通りに振る舞う。それは何を意味するか、愛とは排他的で二人だけのもの。その間で傷つけようが殺そうが許される関係である。ミホが我を忘れるのは、夫への愛のせいだ。愛とはかくも凄まじいものか。

純愛のごとくいわれる石川啄木《いしかわたくぼく》の節子《せつこ》夫人への愛、『智恵子抄《ちえこしょう》』を書いた高村光太郎《たかむらこうたろう》の夫人への愛も、それがあまりに強く独善的であるため妻は病んでしまう。

島尾は奄美へもどって平穏をとりもどし作品を書き、さらにミホ夫人も様々なエッセイ、小説を残し、二人の愛は世に知られるところとなる。

そして梯《かけはし》久美子《くみこ》が『狂うひと——「死の棘」の妻・島尾ミホ』（新潮社）というノンフィクションを書いた。ミホの死後、夫妻の膨大な草稿、日記、手紙、メモ、ノートなど未公表資料をも調べた作品は、夫婦の真実にせまるものだ。

この夫婦は二人共物書きであり、お互いを観察し、作品にする。作家としての業《ごう》そのものの夫婦であり、妻の狂気は実は夫のため、作品に生かすためのものであった。敏雄自身もそれを意識していたかもしれぬという。「狂うひと」は、妻ミホのみならず夫もそうではなかったか。その意味も含めて、夫婦とは何か、愛とは何かをつきつけられる。

危うくなるとさらりとかわす私達夫婦の間の愛情とは何か。実は愛もその瞬間にすりぬけていってているのかもしれない。

第5章　パートナーを替える贅沢
——夫婦の賞味期限

結婚三度目の三十代前半女性

「結婚します。御存知のように三度目です。あきれられるかもしれませんが、三度目の正直になるようがんばります」

三十代のフリーの女性編集者から手紙が届いた。二度の離婚までは報告を受けていた。しばらくは懲《こ》りてしないだろうと思っていたから驚いた。二度あることは三度あるとならぬように願いたい。

それにしても三十代前半で三回目とは、激しい。

前の二回は、いずれも短かった。一度目は、つき合っていた相手と別れた後、かつて思いを寄せてくれた同級生と。もともと彼女のほうに恋愛感情はなかったのだから仕方ないか。二度目は、仕事先で知り合った新しい農業を目指す男性。私も会ったことがあるが上昇志向が強く、好感が持てなかった。暮らしてみるとDVもあり、早々に別れてしまった。

その次に妻子ある男性との恋愛をはさんで、三度目は、地方に住む農家の二男。やはり取材を通じて知り合ったのだろう。

それにしてもそのスピード！　私には想像できない。好きになったりときめいたりするのは、おおいに結構。しばらく同棲してみればいいのに、なぜ結婚という形をとるのか。以前勤めていた出版社の頃から真面目で文章も書けるし、取材力もある。可愛くて清潔感もあり、いわゆる男好きではない。将来農業を専門に、仕事として自分を食べさせていきたいと方向性も決まっているのに、なぜ結婚なのか。こんなに面倒で束縛されるものはないのに……。

そこで聞いてみた。

「なぜすぐ結婚するの。じっくりつき合ってからでいいのに」

「私、家族が欲しいんです」

またまた考え込んでしまった。子供が欲しいということではないらしい。夫と妻という戸籍上の立場がある家族がいないと不安なのだろうか。

不安や淋《さび》しさは誰にでもある。若い時にはそのことに打ちひしがれ、死にたくなることだって……。

九人の男女を殺《あや》めたとされる座間《ざま》市の事件の容疑者は、ネット上の自殺サイトで知り合った全員が「死にたい」という自殺願望ではなく、ただ淋しくて話を聞いて欲しいだけだったと言っているという。

「家族が欲しい」も、話を聞いてくれる人にそばにいて欲しいという意味だろうか。もしそうだったとしたら、結婚というかたちをとった家族がいても淋しさには変わりない。最初は良くても、徐々に会話やときめきがなくなったら、そこに人間がいるだけに、かえって孤独感が増すだろう。

所詮《しょせん》、淋しさや不安は自分で解決しなければならぬもの。他人に期待すべきことではない。淋しさや不安で、結婚というかたちを選んでいたのでは身が持たない。

結婚するのは簡単だが、離婚は実に面倒くさい。二人の関係だけでなく、家やら籍やらという事務的手続きを考えると、別れる手続きは煩雑だ。

感情的にも、片方は別れたくとも片方には未練があって別れたくない場合など、時間もかかる。

「家族が欲しい」ということは、自分を縛るものが欲しいということだろうか。自由にさせておいては、どこへ漂っていってしまうかわからぬ不安感。結婚すればそれは解決するのか。

それは自分の自信のなさのあらわれでもあるのではないか。私の見るところ、自分一人を食べさせて生きてゆける才能はあるのに、どこか焦《あせ》っている。

今まで二度の離婚でそのあたりを学んだであろうに、知り合って一年くらいで籍を入れるという。相変わらず、結婚したい、戸籍上の夫が欲しいというのは、彼女のモラルが原因なのか。

三度目の正直になって欲しいと祈るばかりだ。

「正しさ」の落とし穴

三度目の結婚の話を聞いた私の事務所の女性もびっくりしていた。その若さで三度というのは珍しい例ではないかという。

彼女は二十代で結婚、離婚を体験したいわゆるバツイチで、四十代になって、やはりバツイチのパートナーと暮らしている。

離婚のわずらわしさを考えると、結婚というかたちをとりにくいという。パートナーであっても、それなりの保護は受けられるし、将来年をとってからは別にしても、今のところ、このかたちが一番いいという。

そのうえで、一緒に生活するということは情が出てくるはずで、よほどのことがないかぎり、なかなか別れにくいという。

情とは何か。

なんとなく古めかしい気もするが、なかなか味わいのある言葉である。

愛情と一口にいうが、愛と情は必ずしも一致しない。愛はすでになくなっていても、情だけは長生きして、それが二人を結びつけている例など枚挙《まいきょ》にいとまがない。

我が家でも、つれあいと私との間に今も愛だの恋だのがあるかというと、かつては仄《ほの》かに存在していたものが、かたちを変えて情に変化しているといっていい。

情とは何か。思いやりである。四十年も一緒に暮らしていると、何が嫌で何が好きかもよく分かっている。癖も最初は気になったが、許容範囲である。

つれあいはよく気がつくので、私から見れば、どうでもいいことにも細かく神経を使う。多少うるさくはあっても、その時だけ聞き流していれば気にならない。向こうも私のことで気に入らぬことは当然あるだろうし、お互い目をつぶらなければならぬところは気にしないようにしている。それが思いやりというものだろう。

私は一人娘で、子供の頃体が弱くて我儘《わがまま》に育ってしまったから、自分では知らずに他人を傷つけていたり、心づかいに気がつかないこともある。

そうしたお互いの弱点が分かったうえで認め合わなければ、とても一つ屋根の下で暮らすことはかなわない。

思いやりとは、その人の立場や性格や考え方を認めることである。自分とは違う人なのだから様々な相違点が出てくるのは当然のこと。自分とは異なるけれど、それを認めることができるかどうか。人間の大きさが問われる。

自分が正しいと思っていては相手を認められない。何でも相手が悪いと他人のせいにして生きていると、クレイマーになり、一つひとつに愚痴だの文句だのをつけたくなる。そして「もうとても一緒には暮らせない」となる。

狭量であってはならない。おおらかで人を懐《ふところ》に入れることができなければ、結婚や同棲はとてもできない。

いいことばかりなどない。ほとんどは思うようにはいかないけれど、相手の事情を推し量《おしはか》り、理解し受け入れることができなければ、毎日がギスギスしてしまう。

私は、違いを面白がることにしている。

「へえ！」とか「あら！」とか小さなことでも発見すると楽しくてしようがない。それを口に出して言い、二人で笑い合う。

情とは、相手への理解、包容力のこと。愛は気がつけば情に変わっている。情があるうちは、脈がある。愛も情もなくなったらさっさと別れたほうがいいが、情があるうちは、自分に何度も確かめてみたほうがいい。

私は、自分がおおいにいたらないだけに、相手をすぐ許してしまう。根本的価値観の一致は大事だが、お互い許し合うことによって人間は少しずつ成長していくのではないだろうか。

パートナーは一人、なのか？

人には得意不得意がある。家事や育児に向いている人もいれば、向いていない人もいる。

私など、仕事をする分には、いくら忙しくても文句を言わないけれど、家の中のことをしろと言われると、まったく才能ゼロである。

ある時、私の男友達があきれていた。洋服をかけるハンガーが必要と言われて持っていったのはいいが、全部がズボンやスカートをかけるものであり、上衣やシャツをかけるものは一つもなく笑いころげていた。

私は大真面目に選んだつもりなので、自分でもあきれて一緒になって笑ってしまった。

日頃やっていないので、生活の常識がないのだ。それでもいいと私は考えている。一つ特技があれば、他のことができなくともいい、できないことは他の人にやってもらう。私のように原稿を書くということができなくても、家事に関しては誰にも負けないという人がいる。男女を問わず。我が家のつれあいは、料理を作らせておけば楽しんでまったく文句は言わない。

週に一、二回来るお手伝いさんは、その手早いこと。三時間の間に、あっという間に掃除、洗濯、ベッドメイク、その他必要なことをすませて、「何か特別やることは？」と聞いてくる。探しものを頼めば手品のように出てくるし、小物の入れ場所に困っていると、どこからか「これがちょうどいい」と見つくろってくれる。

インテリアは私も好きだが、実用性になると自信がない。私のベッドの枕元には、彼女が見つくろってくれた眼鏡入れやメモ帳、鉛筆やペン立て、そしてすぐ手をのばせば飴を手に取ることもできる。

お手伝いさんでも得手不得手はあって、ずっと前、週三度ほど来てくれた女性の料理の味は品がよく、何も具を入れない茶碗蒸しなど絶品であった。

掃除だけがやたらにうまい人もいた。その特技を生かして分業したら、世の中は意外にうまくいくのではないか。

現在のようにすべてが一人に任されてしまうのは無理がある。だから得意なことを生かして収入を得て、それをシェアし合うことができればいいのだが……。

我が家では、いわゆる主婦がいないので、「奥さんがいるといいね」と冗談で言っている。私は主婦業ができないからといって恥じることはないし、その代わり自分の稼いだお金で、私のできないことを補ってもらう。

どちらが大事な仕事でもない。人それぞれ。仕事もそれぞれ。島倉千代子《しまくらちよこ》さんではないが、咲き乱れればよい。

育児にしても、教わらずとも上手にできる人もいれば、心ならずもDVに走ってしまう精神不安定な人もいる。それぞれが得意な人にお願いすることがあってもいいではないか。

動物の中には、自分の産んだ子も他で生まれた子もまとめて面倒見るものもいるし、雌が狩りをし、雄が子育てをするものもいる。人間社会のように固定化する必要もないのではないか。

何人かの友達同士で好きなことを分担してもいいし、贅沢をいえば、若い頃のパートナー、育児をする人、老年になって暮らす人と、相手を替えていくことだって考えられる。

そう考えると、一人の人との結婚では足りなくなってくる。あまり一人にこだわらずに自由に考えて相性のいい相手を見つければいい。世の中にはたくさんの人がいるのだから、うまく出会いさえすれば可能だろう。

しかし最初からパートナー、育児、老年といったふうに割り切って考えるのは、あまりに計算高い気もして私はしたくない。お互いでこぼこしながら歩いて行くのも悪くはないと思える。

生活自立しない男性の末路

後妻業《ごさいぎょう》という言葉があるという。一人になって暮らしに困る、淋しいという男性を見つけては、遺産や保険金をだましとった女性がいた。彼女の場合、何人もの男がひっかかったらしく、遺産・保険金目当ての殺人で、地裁で死刑判決が出たが即日控訴している。

これもまた、現在の結婚もようを見事に映し出す出来事であり、控訴審も困難をきわめそうである。

青酸を使った連続殺人と強盗殺人未遂の罪に問われた被告は、表面的に見て、そんな悪事を働くようには見えない。とりわけ美人でもないけれど、つき合った男性にすれば面倒見が良くて、それなりに気分良く暮らせたのかもしれない。

かつて結婚していたかどうかは分からないが、老後一人になった男性が淋しくもあり、不便を託《かこ》っていれば、そういう女性があらわれたらイチコロだろう。

つれあいを亡くした男性や女性のための再婚業といった職業もあるらしく、出会いの場はおおいにはやっていると聞く。特に男性の場合、現実に食事や身のまわりのことも自分ではできない人も多いから、選《え》り好みせず同伴者を選ぶことにもなるらしい。

一人になっても年金だけでなく、そこそこ貯金もあったり、まだ働ける状態であったら、自分の最期を見取ってくれる人を探したい気持ちを分からないではない。

そこを狙われて、高額の生命保険をかけさせられ、受取人は当然再婚した相手の女性である。まさか、あっという間に殺されるとは思ってもいなかっただろうに。

数人の男性を同じ手口で殺し、次の男性を物色するために、また出会い系の場に出かけて行く。

男性は、苦労しなくとも簡単に乗ってくるらしい。それでなければ短い期間に何人もの男をだませるものではない。中には同時進行中の人もいたらしいから、たくましい。

男性の場合、老後の自立は欠かせない。つれあいの存命中に一人になった時の練習をしておかないと、亡くなってからでは思うようにはいかない。

男の友人が家事をやっているというから何かと思ったら、ゴミ捨てだけは担当だといって胸を張るからあきれてしまった。せめて買い物くらいからはじめたほうがいい。

買い物はどうやら男性のほとんどが興味を持つらしい。作家や評論家、ジャーナリストといった私のまわりにいる男性達にも、いそいそと一人で買い物に行く人は多い。

作家仲間と海外に出かけた折など、ある有名作家がどこへでもついてくると思ったら、どうやら買い物が目当てであった例もある。

ごく最近、かつて私のマネージャーだった女性が坐骨神経痛で歩けなくなった折、買うべき物を紙に書いて買い物に行った夫が、すっかり買い物の楽しさを憶えたという例もあった。

女性が一人になった場合は、おおむね身のまわりのことはできるので、男のようにあわてでつれあいを探す人は少ない。しばらくじっとして一人暮らしの自由を味わい、そのあとで伴侶を探す例はあるが、私の友人知人は、もうこりごりだと言う。せっかく一人になれたのに、また束縛されるのはまっぴらと言って女同士海外に行ったり、食事をしたり、結構楽しく暮らしている。

それにしても後妻業とは何という嫌な名前なのだろう。男の場合は何と言うのか。後夫業とはあまり聞かないが……。

かつて後妻という言い方には差別的な響きがあった。

「あの人は後妻さんよ」

男社会の遺物として、その言い方にはちょっとした侮蔑《ぶべつ》が含まれていた。「後妻業」などという表現は、男の側からの女性差別と言えなくもない。

他人と暮らすことは発見

「常に補助線を引いておかないと不安なのよ」

と言っている友達がいた。〝補助線〟という言い方が面白い。その意味は、つき合っている男性が一人だと、その人が去ってしまった時に困るので、もう一人用意しておくというニュアンスだったろうか。

「二兎《と》を追う者は一兎をも得ず」という諺《ことわざ》があるように、同時に二人の異性とつき合うのはなかなかにむずかしい。しかし一人の異性に夢中になればなるほど、自分の気持ちにも相手の気持ちにも自信が持てず、不安になるのはよく分かる。

私にも、かつて一生に一度の恋だろうと分かっていればいるほど、そこから逃れたい逆の自分がいて、他の男友達ともつき合ってしまい、両者があやうく鉢合わせなどという場面すらあった。

別にスリルを求めていたわけでもないし、本命は最初から決まっていても、分かっていればいるほど、別の行動に出てしまう自分がいて面喰らってしまうのだった。

〝補助線〟にされた男性は迷惑だったろうが、意外にも、世の中〝補助線〟の異性と結婚するケースが多いのだ。

本命である恋人には、惚《ほ》れた弱みでほんとうの自分を見せることができない。自分も緊張してその人といると楽しむことができない。ほんとうの自分を見せることのできる気の楽な人を生活の相手に選ぶことも、決して責められることではない。

「結婚とは安心を買うもの」という名言を吐いた友人もいるが、もし安心を買ったのだとしたら、最初からその結婚は変化がなく、毎日のくり返しのみでいつかは飽いてしまうだろう。

そこにまた〝補助線〟を引いて、今度は変化を求める。しかし不安になってまた安定路線を求める。

いつまでたっても落ち着かない。そこで、

「結婚とは諦《あきら》めることなのだ」

という他の名言が出てくることにもなる。要は結婚は夢ではなく、現実だということを忘れてはいけない。

その異性との現実の生活の中から何が生まれてくるか。少なくとも一人の異性と暮らす中からどんな自分を見つけられるか。他人と暮らすとはどういうことか、新しい発見があれば続けることができるだろう。

お互いに何の発見もなく、ただの惰性だと感じられるようになったら、それは賞味期限のほんとうの終わりだろう。

私とつれあいの場合、海外と日本に分かれていたり、仕事柄いつもべったりいることなどなかったために、年を重ねてから様々な発見があった。

一月に一回、お茶を習いに鎌倉に行くのを休まないことに驚きもしたが、さらに、家の中の花を生けることに凝《こ》り始めたら、我流ながらそのセンスの良さにまたびっくり。近くの和花で有名な花屋の主人と仲良くなり、私が長い間買い集めた様々な器を選んで生ける。

いつの間にこんな技を身につけたのか、それとも、もともとあったものが開花しただけなのか。人には様々な隠れた才能があると思わせられる。共に暮らすことになった時、この人にこんな才能があろうとは、夢にも思わなかった。

私がもともと大好きだったインテリアの世界にも手を伸ばし、クリスマスの飾りつけやお正月の松飾りでも、ちょっとした工夫をして楽しんでいる。

つれあいのほうに、私に新しい発見があったかどうか聞いたことはないけれど、この先まだどんな発見があるかと思えるうちはいい。「へえー」とか「あら」とか日々新しい何かを発見できるうちは、修復は十分に可能なのだ。

安室奈美恵の潔い決断

安室奈美恵《あむろなみえ》の引退発表が話題になった。四半世紀をトップ歌手として走ってきただけに、そのショックは大きい。普通の女性歌手の引退とは違うのだ。

私も彼女の大ファンである。まだデビューしたばかりの頃から、何かほかの歌手とは違う生き方を感じさせられた。歌とは別に個人として興味を持ちたくなる。

最初は紅白に出演したのを見たのだが、そのファッション、踊り、歌、すべてが安室奈美恵という人間だった。

そういう感覚を持ったのは、山口百恵《やまぐちももえ》以来といっていいだろう。すべてを自分で決めることのできる人は、どの世界にもめったにいない。しかも様々な人がうごめく芸能界にあって自分を持ち続けることが、どんなに大変で貴重なことであるか。

あのかっこよさは、どんな歌を唄っても崩れることがない。私が見た時はショートスカートにロングブーツ、シャツに細いネクタイというキリッとした乗馬服のようなスタイルだったが、思わず「ホウ」と唸《うな》りたくなった。ほかの歌手はここぞとばかり飾り立てている中に、たった一人簡素で毅然とした姿を見せ、自分の世界に誘い込む。

それ以来、彼女の出ているものに注目していたが、あまりテレビには出ず、ステージ中心、そのパフォーマンスもトークをまったくはさまず、歌と踊りのみで勝負する潔《いさぎよ》さ！　一度ステージを見に行きたかった。

アムラーと称する女性達も出現し、歌や踊りのみならず、一人の女性の生き方として憧れをそそった。究極のシンプルな中身で勝負することの素晴らしさ。

各新聞社やＮＨＫのスペシャル番組も彼女をとりあげた。私は偶然その番組を見て、テレビの前から動けなくなった。

東洋英和女学院大で教授を務める与那覇恵子《よなはけいこ》さんは辛口の批評で知られるが、同じ沖縄出身として「安室さんにはあまり沖縄のイメージがありません。沖縄という地域と関係なく、一人の自立した女性、アーティストとして認識されている」「それは素晴らしいことなのだ、と言っている。

無駄のないボディに、自分のはっきりした意志を持ち、まったく男に媚《こ》びたところがない。私も彼女のその姿勢に惹《ひ》かれる。

小さい時から培《つちか》われた自立心。それは沖縄という複雑な土地柄から生まれたものかもしれない。

沖縄の人々は平均して結婚が早く、離婚も多いという。安室さんの母も二十歳で結婚し、その後離婚している。若いのでいつでも人生のやり直しがきく。だから沖縄の女は男に頼らない。本土に行って専業主婦になった人は、沖縄の女性から「病気ねぇ?」と言われてしまうという。これも与那覇さんの言葉。

同じ沖縄県人だけによく見ている。そのうえで、沖縄への差別などに対して正面から怒りをぶつけるのではなく、一人の人間としての闘い方を見せている。そこがかっこいいのだ、と言う。言葉ではなく、存在であらわすことのできる人などめったにいるものではない。

彼女自身、ヒット曲「CAN YOU CELEBRATE?」を出して二十歳で結婚し、翌年出産。その後離婚し、自分の道を歩いてきた。そして今回の決断。立派な働く女性であり、だからこそ現代の一つの女性像を築き上げたといえる。

今後彼女がどう生きるか。おそらく彼女の中ではしっかりとした青写真があるはずだ。歌や踊りに接することはなくなっても、彼女の生き方を私もしっかり見守りたいと思う。

人間の一生を左右する決断に、私達は心動かされる。それ以前にどんなに悩み考え、その結論に至ったか。自分が考え決めることの素晴らしさを彼女は伝えてくれた。その潔い決断こそが、結婚をはじめ人生の大事にとって必要不可欠なのだ。

山口百恵、結婚→引退の真実

私の好きなもう一人の歌手、山口百恵。彼女も見事に自分の生き方を示してくれた。デビューした時からほかの歌手とは違っていた。

「あなたに女の子のいちばん大切なものをあげるわ」

「ひと夏の経験」を十代の百恵が唄うのだが、歌詞に比べて媚びも色気もなく、むしろ無愛想に唄う姿に驚かされた。以後「プレイバックPART2」で、

馬鹿にしないでよ　そっちのせいよ
ちょっと待って
Play Back　Play Back
今の言葉
Play Back　Play Back

という捨てゼリフのような歌詞を唄っても見事に決まっていた。

声質にも愛嬌《あいきょう》はなく、その歌ごとに山口百恵が際立っていった。

そして三浦友和《みうらともかず》との結婚を決め引退する際、最後のコンサートで唄い終えて、マイクをステージに置いた姿は今も目に灼《や》きついている。万感の思いがあったであろう。その気持ちを

秘めてそっとマイクを置いた。

　山口百恵という一人の女性がそこにいた。彼女のヒット曲を宇崎竜童《うざきりゅうどう》と夫婦で作り続けた阿木燿子《あきようこ》さんと雑誌で対談したことがあった。私が百恵ファンだと告げると、阿木さんが言った。

「私達に作詞作曲を依頼したいというのは、彼女の意志なのです。決してプロダクションやマネージャーでなく、彼女は自分の考えで決めていました。そこが素晴らしい」

　当然、結婚についてもそうだった。共演した三浦友和と結婚し、きっぱり芸能界をやめる。それは強い思いだったという。その頃みんなが言っていた。

「もったいない、絶頂期にやめるなんて」

　私だってどんなに残念だったろう。引退するなら男性がしたほうが、という声さえ聞こえてきた。

　当時の山口百恵に比べれば、三浦友和はまだ大スターではなかった。しかし最近になって中年のいぶし銀のような魅力が増してきた彼を見るにつけ、百恵さんの眼力の確かさを感じさせられる。

彼女は自分の意志で結婚を決め、引退を決めた。そしてその後一度もマスコミ上に姿を現さない。見事というしかない。もの欲しげにチョロチョロ姿を見せるタレントとは大違い。ともかく潔い。

その潔さが今もファンを惹きつけて離さない。彼女の生き方に感嘆させられるのだ。

亡くなった日本の誇る指揮者・岩城宏之《いわきひろゆき》さんと私はＮＨＫの音楽番組を通じて友人だったが、ある時、彼が認める歌手は女性では美空《みそら》ひばりと山口百恵だと言っていた。そこには歌のみならず、人間としての存在が含まれていたと思う。何をやってもその人自身である存在なのだ。

百恵さんの場合は結婚というかたちを選んだら、自分の決めたことに忠実に潔く従う。そして男の子二人を育て上げ、今二人はそれぞれシンガーソングライター、俳優として自分の道を進んでいる。

百恵さんの趣味のキルティングの腕前は、冬に開催される東京国際キルトフェスティバルで東京ドームを飾るほど。何をやっても百恵さんという存在があるからブレない。動じない。それを作り上げてきたのは彼女自身なのだ。

結婚しようが離婚しようが、そんなものはただの現象にしかすぎない。それを決断した人間の生きる姿勢が問われるだけだ。

自分の決断には自分で責任を持つ。それが潔さなのだ。

消える「家族」という単位

二〇四〇年には全世帯の三十九・三パーセントが一人暮らしになると、東京新聞（二〇一八年一月十三日付朝刊）に出ていた。二十二年後は「ぼっち」は四十パーセントにのぼるというのだから、五十パーセント、半分になるのも時間の問題である。増加の理由は、晩婚化がいっそう進み、さらに未婚や離婚が多くなるからだという。

六十五歳以上の高齢者が世帯主というケースも、四〇年には四十四・二パーセントと約半分になる。

二〇四〇年は団塊ジュニア世代が高齢者になる。一九七〇年代生まれが七十代にさしかかる時期なのだ。

六十五歳以上の一人暮らしの内訳は、男性が五人に一人で二十・八パーセント、女性は四人に一人の二十四・五パーセント。夫婦と子供という家庭が二十三・三パーセントにまで減り、夫婦二人は二十一・一パーセントと少し増えるのだそうだ。

実際、私のまわりには子供のいない夫婦が多い。「できなかった」という人もいるが、「作らなかった」人の数が意外に多いのだ。私もその一人で、『わたしが子どもをもたない理《わ》由《け》』（かんき出版）を二〇一七年に上梓《じょうし》した。

そうした例が増えてくると、いったい結婚とは何ぞやという疑問が再び頭をもたげてくる。

社会制度として「結婚」はすでに終わっているのかもしれない。だからこそ、婚活だの何だのと世間が結婚結婚とはやしたてる。あまり成果はあがっていないのだが。

男性の側からも女性の側からも家族単位という考え方が消えつつあり、特に女性の側としては、自己実現して生きてゆけるなら、何も役割や制度で我が身を縛る必要などない。恋人は別に作ればいいし、特定のパートナーだっていいではないか。

それが分かっているから、政府は躍起《やっき》になって子供のいる家族を持ちあげ、三世代同居に補助金を出すだの、子供の教育をただにするだの、様々な手を打ちはじめた。しかしそれによって一人暮らしが減るとは思えず、結婚や出産が増えるとも思えない。

繰り返すが、私は、自分一人を養うつもりでずっとそれを実行してきたから、結婚など必要がなかった。精神的にも経済的にも自立していたので、まわりから「それならなぜ結婚したの？」と言われたものだ。

できればしたくなかった。一緒に暮らす人がいるからといって届けを出さねばならぬことがなんとも納得できなかった。公的に認めてもらう必要などなく、まったくプライベートなことでしかない。

その頃は、私のようにフリーな人間はともかく、つれあいのように組織に勤める人間は会社がうるさくて、やむなく届けを出すに至ったが、今でもその必要はなかったというのが本音である。

と考えてみると、公的機関に結婚という本来私的なものを認めてもらう意味などあるのだろうか。

国は個人を管理するのはなかなかむずかしいので、家族なり会社なりにまとまっていて欲しいから、公的なお墨つきを与えようとするが、そんなものは必要ない。

心の通い合う男女、いや男と男でも女と女でも、二人で生活を共にすればそれですむことなのである。

それでは動物と同じなどという人がいるが、動物と同じだっていいし、動物の中には人間より規律の厳しい例だってある。

これからの生き方は、個人が責任を持って選べればいいと私は思っている。誰かに頼ったり、面倒見てもらったり、認めてもらったりしなくて結構。窮屈に縛られた規則を一つひとつふりほどいていきたい。現実は常に先にくる。二〇四〇年に一人暮らしが四割になるという現実がそれをはっきりと示している。

第6章　結婚に頼らない愛

「夫婦」から「パートナー」へ

結婚によらない愛のかたちとは何だろうか。最近、言葉として定着してきたものにパートナーがある。

パートナーとは何か。

一緒に暮らしていて、まったく結婚と変わりはないが、籍は入れないいわゆる自由な関係。

前述したが、私の事務所の女性もパートナーと共に暮らしている。二人ともバツイチである。

法律的には結婚と同様な保護を受けることができ、内縁の妻も、今は戸籍上の妻との差別はさほどない。それにしても内縁の妻とは妙な言葉である。それなら戸籍上の妻は外縁の妻とでもいうのだろうか。

「パートナー」という言葉は、外国語のせいもあって響きがいい。協力する相手としてパートナーはぴったりだといってもいいだろう。

パートナーは欧米では、もう当たり前になりつつあって、フランスのミッテラン元大統領にはれっきとしたパートナー、夫人とは別の愛人が存在し、ミッテラン氏からその女性に宛てた書簡が本になって話題であるという話には前にも触れたが、在職中も彼はそれを隠しもせず、パートナーとして同席させる場面も多かった。

私の知人にも、二十歳近く年上のパートナーのいる女性がいる。

ヨーロッパの有名な科学者で、ある賞の受賞パーティで知り合い、公式な場面はすべて彼女が同行する。彼女も芸術系大学の教授であるが、二人共できるかぎり一緒にいる努力をしている。

彼のほうには母国に別居中の妻がいるが、いっさい公《おおやけ》の場には出てこない。かといって離婚に向けた話をしているわけではない。

私も一緒に日本で食事をしたこともあるが、知人がまるで少女のように可愛く、科学者のほうも彼女にはパートナーとしてできるだけの協力をしている。

傍から見ていてもなかなかほほえましい関係で、このままずっと続くことを願っている。

ただ、彼のほうが加齢と共にあまり遠くへは出かけられなくなり、持病もあって、彼女は心配で仕方がない。といって彼女が彼の国に行って共に住むには、様々な障害がある。

彼女には母上がいて、お元気ではあるが高齢でもあり、大学での講義もまだ残っている。

彼のほうの妻も、離婚するつもりはなさそうなのだとか。

パートナーとはいえ中ぶらりんの関係で、彼女の悩みも多い。

彼が健康だった頃は、中国、韓国、日本などの大学に招《よ》ばれる仕事が多かったが、今はチャンスも少なくなった。

ヨーロッパと日本は離れており、その距離を縮めるのはやはりむずかしい。

彼の持病も、特効薬ができたとはいえ、決して治ることはなく、現状維持。彼女が定年にでもなれば、彼が現在一人で住む家に行くことも考えられるが、だんだん二人の会う時間が少なくなるにつれ、どうなっていくのか。

「去る者は日々に疎《うと》し」という諺《ことわざ》もある。

二人だけで教会で式もあげ、指環の交換もあったやに聞くが、そうした形式的なものはそもそもあてにならない。

愛に年齢制限はない

愛のかたちは様々あっていいし、親子以上に年の離れたカップルも増え続けている。

それにしてもたいていのケースは、男が年上で、二十歳から三十歳ほども離れた若い女性と一緒に暮らしている。加藤茶《かとうちゃ》は四十五歳違い、堺正章《さかいまさあき》が二十二歳違い。女が同じくらい年上の例がもっと増えていい。

年や外的条件とは関係なく、心がつながる話を漫画家の弘兼憲史《ひろかねけんし》さんが『黄昏流星群』として「ビッグコミックオリジナル」（小学館）に連載している。

優しくて哀しくて、私はこの漫画のファンであるが、単行本になった『黄昏流星群』の「鎌倉星座」や「星楽のマドンナ」などの四つが二〇一七年に朗読劇になり、渋谷のお洒落なカフェダイニングで上演された。上演後、弘兼さんとゲストのトークがあり、弘兼さんのご指名で私が一夜御一緒することになった。

「鎌倉星座」のストーリーは——群馬県にある市立博物館に勤める二十七歳の女性がマケドニア文明のことを調べるために神田の古本屋に出かける。その際、そこで知り合った年輩の男性が世界的に有名な建築学者で、鎌倉に一人住まい。

何度か女性が話を聞きに通ううち、二人の間に仄《ほの》かな感情が生まれる。男女の仲になりそうな気配に彼女が離れ、日が経つうちその学者から、探していた貴重なマケドニア文明の本が贈られてくる。住所が病院になっているので、訪れてみるとすでに肺炎で亡くなった後で、彼女宛の手紙が院長に託されていた。

書店で会って一目惚《ひとめぼ》れで、ときめきを感じ、人生の最後の三ヵ月に楽しい夢を見られたことへの感謝が綴《つづ》られていた。


朗読劇と聞いてどういう構成か気になったが、声優達も一流で、背後に漫画のシーンが流れ見事にコラボレートしていた。

こういう恋があっていい。

人生の最後の火花。それは決して恥ずべきものでなく、むしろ、心から「良かった」と拍手を贈りたい。彼の死は哀しくはあるが、惨《みじ》めではない。

彼女もそれをしっかりと心の底に受け止めて、今後の人生を生きていくだろう。

日本人には「年がいもなく」などと言う人がいるが、年がいなどなくていい。人と人との心のつながり、仄かなときめきくらい大切なものはない。

私も、それに似た気持ちになったことがある。今も大切にしているが、そういう気持ちにさせてくれた人との出会いはかけがえのないものだ。この学者は幸せな想いを抱いて亡くなったに違いない。


もう一つは「星楽のマドンナ」。

若手のオペラ歌手が、自分の出る演奏会の最前列に必ずいる作業服の老人に気づく。彼はボート乗り場の係員。彼女の大ファンで必ずどの演奏会も聞きに行く。その彼に定年を前にガンが見つかり、職場の仲間達が考えたのが、オペラ歌手を呼んでボート乗り場で彼のために一曲唄ってもらうこと。

唄い終わって足を滑《すべ》らせ、池に落ちた歌手をすぐさま彼が救う。そのことが新聞記事になり、彼女は夢だったイタリアの舞台に立つことになる。

作業員の思いつめた恋は実る。そしてイタリアのオペラ公演の券が彼女から届く。その日のために彼はタキシードを作っていた。

この場合は年の差と共に、住む世界の違いがある。オペラ歌手と平凡な作業員。しかし彼の熱意と誠意が晩年になって通じた。実にいい話である。

想いは通じるのだ。

一途な愛は必ず相手の心に届く。

ストーカーなどという迷惑行為に出るのではなく、ただ想うのだ。そのことがどんなに人にとって大切なことか。

想っている時、人は純粋である。別に結婚や形式を望むのではない。こういう愛の形こそほんとうに心に残り、人々の心をも打つのである。


いくつになってもときめきを!

テレビドラマ「やすらぎの郷《さと》」については、出演していた野際陽子さんの死に関して書いた時にも触れた。あのドラマは倉本聰《くらもとそう》さんの脚本であることと、出演者が八千草薫《やちぐさかおる》、石坂浩二《いしざかこうじ》、浅丘《あさおか》ルリ子《こ》、加賀《かが》まりこ……といった私達の年代に近いスターであることで話題になった。

高級老人ホーム、それもかつてテレビで活躍した人々が入所するという設定である。若い女性スタッフと入所者の男性との愛あり、逆に男性スタッフと入所者の女性との恋あり、現実もさもありなんと思える人間模様がくりひろげられる。

かぎられた業界なので、入所者もお互いかつての共演者あり恋人あり。現実にも石坂浩二と浅丘ルリ子は夫婦だったし、加賀まりこは石坂浩二の恋人でもあった。そう思って見るとなかなか複雑で面白いドラマであった。

大原麗子《おおはられいこ》が孤独死したのをきっかけに、倉本さんが構想したともいわれている。

ヨーロッパでは、作曲家のヴェルディが私財をなげうってオペラ歌手や演奏家など音楽家のための老人ホームを作ったことはよく知られている。

ダスティン・ホフマン監督の映画があり、演劇としても日本では黒柳徹子さん主演で舞台に乗った。

私は舞台を見たが、実話をもとにしているだけに現実味があった。かつて夫婦だったオペラ歌手がこのホームで再会する。ソプラノ歌手を黒柳さんが演じ、一緒にオペラを唄っていた夫だった歌手と少しずつ誤解をときつつ仲良くなっていくというお話。

ホームの催《もよお》し物として、かつての仲間でオペラを唄うという話になるものの、年をとってみな声が衰えている。そこで考えられたのが、いわゆる口パク。録音に合わせて口だけ動かすのだ。

イタリアでは、スターだった人達も年をとって生活に恵まれなかったのが、ヴェルディのおかげで、ふさわしい老後を送れるようになったという。

かつての夫婦やわけありの男女が久方ぶりに出会うシーンもあって、人生の悲喜こもごものドラマがくりひろげられる。焼けぼっくいに火のつくケースもあれば、新しい恋にときめくこともあり、老人ホームはその宝庫といいえなくもない。

日本でも、老人ホームでの恋愛沙汰はひきもきらず、性交渉についても取り沙汰される。人間は生きている限り、異性、あるいは同性にも恋心を抱くのは当たり前であり、それをとがめるような言動は良くない。

とはいえ、同じ場所に住んでいるわけだから強引になったり、いやがらせをしたりと、人間関係というのはいくつになっても面倒なものである。

つれあいの母は百歳まで生きた。足が悪く、晩年老人ホームに暮らしたが、たまに訪れると、そこに暮らす男性がなんだかんだと関わろうとしてきて迷惑だと言っていた。

北国生まれの美しい人だったので、私とつれあいでセーターやブラウスなど清潔感のあるお洒落なものを買っていっては着てもらった。そのためか目立ったので、男性の目をひいたのかもしれない。

いつまでもときめく感情を持つのはいいとしても、一方的に想われては迷惑なこともあるだろう。

両者の気持ちが合って結婚というケースもあると聞くが、ほほえましい。ただ遺産のことが引っかかると見えて、子供達の反対に遭《あ》うという。そんなケチなことはいわずに、年をとってからの恋愛を温かく見守ることはできないのだろうか。

夫婦は二人で一対ではない

私には想像できない。仲のいい夫婦とはどんなかたちなのか。二人で公園を散歩し、ベンチで日向《ひなた》ぼっこする老夫婦……静かな光景ではあるが、その心の内までは分からない。最後まで添《そ》い遂《と》げることが果たしてしあわせか。

金婚式（結婚五十年）や銀婚式（結婚二十五年）を迎えておめでたいかといえば、何かの節目としてまわりがお祝いする目安にはなるが、二人にとっては果たしてどうなのだろう。

私とつれあいの間では、暮らしはじめて何年と数えたこともなければ、それを祝う気持ちなどさらさらない。子供でもいれば、家族の絆《きずな》とやらのために考えたりするのかもしれないが、子供はいないからそれもないし、友達だってそんな余計なことはしたがらない。

あくまでもつれあいの生活と私の生活と二つあるだけで、それが坦々と続いているとしか言いようがない。

改めて数えてみると、つれあいが荷物を持って私の家に引っ越してきてから四十五年の歳月が流れている。世の中では「サファイヤ婚」ともいうそうな。

しかし、「それがどうした、なんぼのもんじゃ」。佐藤愛子さんではないが、「四十五年、何がめでたい」と言いたくなってくる。そうした感覚は私とつれあい二人に共通のものなので、それがなんとか坦々と続いてきた理由なのだろう。共通の価値観こそが大切で、お祝いをしたり、相手に何かを贈ったりするのとは無縁である。


二〇一六年四月、『さざなみ』（原題『45years』）という映画が日本で公開された。ちょうど結婚四十五周年の祝賀パーティを控えた夫と妻の物語だった。

その一週間前にある手紙が届いたことで、二人の関係が大きく揺らいでいく。結婚前に山岳事故で死んでしまった夫のかつての恋人の遺体がアルプスの氷の中から見つかったという。夫はそれをきっかけに過去に引きもどされ、「もし彼女が生きていたら、彼女と結婚していた」というあからさまな告白をする。

その言葉に打ちのめされて嫉妬《しっと》心にとらわれる妻は、夫への不信感を募らせていく。夫婦が重ねた四十五年はいったい何だったのか。男女の結婚観、恋愛観の埋められない溝、それは、パーティの終わりで夫への拒否となって現れる。

妻を演じるシャーロット・ランプリングの圧倒的な演技。老いたままの姿をさらけ出し多くの女性の共感を得た。

奇《く》しくも同じ四十五年という日々を大切に積み重ね、仲睦《なかむつ》まじい夫婦として生きてきて、それをくつがえすような出来事が起きたら、あわてふためき、夫婦の間の亀裂は二度と消えることはないだろう。

夫婦とは何なのか。二人で一対と考えていたら、どこかでくい違いは大きくなる。私達のように個としてそれぞれ邪魔をせぬように生きていても、時に驚くような出来事に出会う。まったく違う感覚や意見に、改めて違う人なのだという認識を深め、当然なのだという結論に至る。

『さざなみ』のようにお互いに期待し合った結婚であればこそ、落胆も大きく、嫉妬や失望から、もはや結婚は続けられなくなっていくだろう。

相手に期待しないことが一番。それができないなら、月日を重ねたからといって、いつ訣別が訪れても不思議ではない。

恋愛と結婚が切り離された世界

文学上にあらわれた未来の結婚のかたち。私が興味を持って読んだのが、二〇一六年夏の芥川賞（『コンビニ人間』）受賞者の村田沙耶香《むらたさやか》さんの作品、『消滅世界』（河出書房新社、二〇一五年）であった。

そこでは恋愛と結婚が切り離され、さらに出産までもが違う次元で行われる。恋愛の先に結婚があるのではなく、その先に子供を作るなどとんでもない。

今の若者達が、恋愛もせず、結婚や子供を作る家族から遠ざかろうとする現実が先取りされている。

主人公の雨音《あまね》という女性は、両親が恋愛結婚し愛し合った結果生まれた子供だ。彼女はそのことをいたく恥じている。なぜなら彼女のまわりには、そうした人はほとんどいないからだ。

「家族」である「夫」とのセックスは、「近親相姦」と本の中では呼ばれている。愛し合って結婚した夫婦の間に子供が生まれるのは当たり前といわれるだろうが、私にはこの「近親相姦」という言葉の感覚がよく分かる。私自身も子供の頃、父と母とのセックスによって自分が生まれたと知った時、ショックで一種の嫌悪感さえ持った。

私の出生は、もっと無機質なものであって欲しい。そこに愛やらその表現としてのセックスなどなければいいのにと思ったものだ。若い頃、一度は持つ思いではなかろうか。

『消滅世界』では、雨音のような例は珍しく、ほとんどは恋愛と結婚、さらに出産が別に存在する社会なのだ。結婚した夫と妻は決してセックスしない。セックスなどというものがないために、二人は静かに落ち着いた生活が送れる。清らかな間柄、いわば兄妹のような関係で、妻の胎内には避妊のための器具が入れられていて、子供が欲しくなったら一時的にとり外して夫の精子を人工授精して妊娠する。

人間だから時としてもやもやした感情に襲われる。恋愛感情の先にあるセックスを求めたい時には、夫とは別に恋人を作る。それは生きている人間であってもいいし、アニメなどのキャラクターでもいい。

主人公の雨音も、キャラクターをはじめ人間の恋人も持っている。夫にもまた恋人がいて、二人は自分の恋人について話し、それぞれがデートに出かけて行く。

もちろん嫉妬などの感情はなく、完全に恋愛と結婚が切り離されている世界。夫婦間はいつも穏やかである。

さらに出産後の環境も広がっていて、二人で育てるのではなく、実験的な都市があり、そこで出産し、子供は、二人のものというより共同のものになり、「おかあさん」と「子供ちゃん」だけの世界になり、共通の「おかあさん」と共通の「子供ちゃん」が暮らすというようになる。ある意味、原始共同社会といえるかもしれない。

男達は精子の提供者であるばかりではなく、科学技術の発達で、男も子供を自分のお腹の袋で育てるようになる。雨音の夫がその第一号となり出産を迎える。夫と妻のみならず、男と女の役割すら必要なく、完全に科学の力だけで子供は生まれてくる。

決してあり得ない話ではない。そういう世界にあって、恋愛、結婚、出産はどういう意味を持つのか。

分業と呼んでいいのか、それぞれ別々に恋愛、結婚、出産を行うのだから、現在のような家族はいらなくなるわけだ。

私は『家族という病』という本を上梓《じょうし》したが、『消滅世界』ではもはや家族の中で病など起きようはずもない。

失った「下重暁子」の名前

日本は女性の地位について、なんと遅れた国だろうかと思う。役員になった女性のパーセンテージは世界四十五ヵ国中四十四位（二〇一三年）であるとか。家族観にしても、欧米のような個が中心ではない。

憲法十三条には、個人の尊重がしっかりと書かれているのに、どこか個人が遠慮がちである。最近は、社会でバリバリと活躍する女性も多いのだが、考え方の基準として個をどうとらえているか、まだまだ一人ひとりに迷いがある気がする。そこを衝《つ》くかのように、憲法を変える話の中で、十三条に書かれた「個人」を「人」に変えようという動きもある。「個人」と「人」はまったく違う。個人は一人ひとり違いがあるが、人とは個を無視してひとくくりに扱う呼び方だ。こんな大きな変革をこっそりやられては困る。声を大にして異を唱えたい。

個がなかなか定着しない一つに、夫婦別姓すらこの国ではいまだ認められていないことがある。先進国ではあり得ない。選択的夫婦別姓にすれば自分で選べるわけだから、夫婦同姓にするなり別姓にするなり、自分の望み通りにできる。無理矢理同姓を強要する必要などない。

姓が別々だと家族としての一体感がなくなるというのを理由に反対する人がいるが、そんな家族は最初から破綻《はたん》している。単に姓のためなどではない。子供は好きなほうを選べばいいし、そのほうが愉しみもある。

なぜがんじがらめに同じ姓でくくろうとするのか。そのあげく、自分の姓をなくした人がどんな負担や不快を強いられているか……。私自身が味わっている。

前にも書いたが、今から四十五年前のことでもあるし、つれあいは組織に勤めていた人間なので、事務的に夫の姓になるのが当然という雰囲気があった。今から考えれば妥協などするべきではなかったが、私も面倒になって、実質的には下重の名を使えばすむことだと自分を納得させた。

しかし現実は甘くはなく、戸籍上に「下重暁子」という人間は存在しないのだ。区役所のあらゆる届けもパスポートも運転免許証も、公的な場面で下重姓は使えない。自分の存在を否定されたような気がして不快であり、公的な名を使わざるを得なくなるたびに、なんとかしたいと思いながら日を重ねてきた。

つれあいはほかのことでは個について適確な意見があるのに、このことについてはできるだけ触らないようにしている。彼には私の不便や不快が実感として分からないのだ。たぶん男達はみなそうだろう。

二〇一七年の内閣府の世論調査によると、「選択的夫婦別姓制度」を「導入しても良い」と考える人は過去最高の四十二・五%であった。導入する「必要はない」という人が過去最低の二十九・三%。しかし政府は、「国民の意見が大きく分かれている」として導入に慎重だ。法改正のめどは立っていない。政府内でも野田聖子《のだせいこ》さんなど、かつて夫婦別姓についていちはやく声をあげた人もいるのに。

事実婚の当事者から、現行の法制度は違憲として訴えた裁判は、二〇一五年、最高裁で合憲とされ、「あとは国会での議論にまかせる」というものだったが、その後、議論の俎上《そじょう》にものぼらない。

ところが二〇一八年一月、結婚して妻の姓に変えたソフトウェア開発会社「サイボウズ」の青野慶久《あおのよしひさ》社長らから東京地裁に「夫婦別姓を認めない現行の法制度は違憲だ」という訴えが出された。男性側からの訴訟は珍しいが、当事者になってはじめてよく分かったのだろう。

妻の姓に変えると、通称使用として元の姓を使っても不利益は大きく、日々苦労の連続。出張の際のホテル・航空券の名義もパスポートと合わせねばならず、「ビジネスの世界で一分一秒の短縮をしているのに、こういう手間はかなりのストレス」。自社株の名義変更に八十万円かかったうえ、投資家から社長が自社株を持っていないと誤解もされたという。女性だけの問題でなく、男の側からの訴訟の行方を見守りたい。

これにておしまい

つれあいとの関係をどうしめくくるか。

それは、私にとって目下の大命題である。考えなくても、ここまできたら自然にどちらかが先に逝《ゆ》き、どちらかが後に残るというかたちになるのだろうが、私はそれでいいとは思っていない。これから先のことは私にも分からないが、少なくともこうしたいという思いはある。

先述したが、つれあいは私より三歳下である。一緒に暮らしはじめる時、三歳下なら、順番通りなら私が先に逝き、向こうがそれを見送ってくれるなどと勝手なことを考えていた。それには年下のほうがいい。

三歳ぐらいどれほどの違いでもないとは、当時思い至らなかった。今では二十や三十違わねば意味がないと思うのだが。

自分の身の始末を考えるうえで一番気がかりなのは、名前である。通称で使っている元の姓か、戸籍上の姓か。

私の名は「下重暁子」しかないといつでも思ってきた。戸籍上の名で死ぬことは、向こうの家族の一員ということになる。私にはその意識はない。

私は元からの自分の名で死にたい。これは私という個の存在にかかわることで、どうしてそんなにこだわるのか分からぬ人には分からない。多分つれあいにもほんとうのところは理解できないかもしれない。

戸籍上も晴れて今はなき私の名をとり戻してから死にたい。そのためにどんな方法があるのか。一番好ましいのは、あまり波風立てず、選択的夫婦別姓が法律上決まって私が元の姓にもどることである。

ところが先にも述べたように、遅々として進まない。青野社長からの訴訟にどんな判決が出るか見守ったうえで結論を出す。見通しが立てば、法整備が整ったらすべて下重にもどす。

とはいえ、私も若くはない。あまり時間がかかると、こちらの寿命がつきてしまう。実現が無理そうならば、ペーパー離婚に踏み切る。

実質的には一緒に生活はしているが、法的にはどうなるのか。離婚と呼ぶ人は呼んでもいい。今は内縁の妻も、夫も、パートナーとしては認められているので、それほどの不便はあるまい。

そのうえで私は、私なりの人生の終《しま》い方を考える。墓が必要なら文京区の団子坂《だんござか》上の光源《こうげん》寺《じ》という親類の寺に父母の墓がある。すぐそばに一人の墓を作ってもいい。

つれあいの家の墓は多磨《たま》霊園にあるので、つれあいが希望するなら分骨してもいい。墓などなくてもいいし、軽井沢の庭に樹木葬などというのも悪くはない。

それについてつれあいと真剣に話したことはないが、いずれその機会がくるだろう。私は正直に自分の考えを伝え、向こうの率直な意見も聞きたい。そして結論が出たら、即実行するしかない。なにしろ時間が惜《お》しいので。

仮に離婚せずつれあいと死別した後でも、住所地や本籍のある役所に「復氏届《ふくうじ》」を戸籍謄本と印鑑を持参して提出するなど、所定の手続きで旧姓にもどることはできる。

さらに最近では、配偶者の死後、その親族との関係もすっぱり断ち切りたいと希望する人も増えている。いわゆる「死後離婚」だ。

役所には「姻族関係終了届」という用紙がある。戸籍謄本と免許証か身元を証明するパスポートなり健康保険証なりに印鑑を持参して、用紙に必要事項を記入して提出するなどすれば終わり。復氏届や姻族関係終了届を出しても、相続や遺族年金の受給資格には問題ないという。

しかし、復氏届や姻族関係終了届の手続きは、長生きしたほうだけしかとることができない。私が先に逝ったら下重にもどることができないではないか！

事務的なことが苦手なので、一日も早い夫婦別姓の法改正を望んでいるが、仕方なければ決断しかない。自分の終わりは自分の望むかたちで見届けねば。映画『さざなみ』ではないが、四十五年経っていても次への道筋は自分で決める。新しい未来が開けるかもしれない。

本書は、読書人の雑誌「本」（講談社）二〇一七年五月号～二〇一八年四月号に
掲載された連載エッセイ「その結婚、続けますか？」を書籍化したものです。

編集協力
加藤真理

下重暁子

早稲田大学教育学部国語国文学科卒業後、NHKに入局。アナウンサーとして活躍後、フリーとなる。民放キャスターを経て、文筆活動に入る。エッセイ、ノンフィクションなど多岐にわたる。公益財団法人JKA(旧・財団法人日本自転車振興会)会長等を歴任。現在、日本ペンクラブ副会長、一般社団法人 日本旅行作家協会会長。『家族という病』『極上の孤独』(以上、幻冬舎新書)、『鋼の女——最後の瞽女・小林ハル』(集英社文庫)など著書多数。

講談社＋α《プラスアルファ》新書 794-1 A

夫《ふう》婦《ふ》という他《た》人《にん》

下《しも》重《じゅう》暁《あき》子《こ》 ©Akiko Shimoju 2018

2018年6月20日第1刷発行

発行者—— 渡瀬昌彦

発行所—— 株式会社 講談社

東京都文京区音羽2-12-21 〒112-8001

電話 編集(03)5395-3522

販売(03)5395-4415

業務(03)5395-3615

帯写真—— 橋本哲

デザイン—— 鈴木成一デザイン室

カバー印刷—— 共同印刷株式会社

印刷—— 凸版印刷株式会社

製本—— 牧製本印刷株式会社

ISBN978-4-06-512142-9

講談社＋α新書

書名	著者	内容	価格・番号
金正恩の核が北朝鮮を滅ぼす日	牧野愛博	格段に上がった脅威レベル、荒廃する社会。危険過ぎる隣人を裸にする、ソウル支局長の報告	860円 757-1 C
おどろきの金沢	秋元雄史	伝統対現代のバトル、金沢旦那衆の遊びっぷり。よそ者が10年住んでわかった、本当の魅力	860円 758-1 C
「ミヤネ屋」の秘密 大阪発の報道番組が全国人気になった理由	春川正明	なぜ、関西ローカルの報道番組が全国区人気になったのか。その躍進の秘訣を明らかにする	840円 759-1 C
一生モノの英語力を身につけるたったひとつの学習法	澤井康佑	「英語の達人」たちもこの道を通ってきた。読解から作文、会話まで。鉄板の学習法を紹介	840円 760-1 C
茨城 vs. 群馬 北関東死闘編	全国都道府県調査隊 編	都道府県魅力度調査で毎年、熾烈な最下位争いを繰りひろげてきた両者がついに激突する！	780円 761-1 C
ポピュリズムと欧州動乱 フランスはEU崩壊の引き金を引くのか	国末憲人	ポピュリズムの行方とは。反EUとロシアとの連携。ルペンの台頭が示すフランスと欧州の変質	860円 763-1 C
脂肪と疲労をためる ジェットコースター血糖の恐怖 人生が変わる一週間断糖プログラム	麻生れいみ	ねむけ、だるさ、肥満は「血糖値乱高下」が諸悪の根源！ 寿命も延びる血糖値ゆるやか食事法	840円 764-1 B
超高齢社会だから急成長する日本経済 2030年にGDP700兆円のニッポン	鈴木将之	旅行、グルメ、住宅…新高齢者は1000兆円の金融資産を遣って逝く↓高齢社会だから成長	840円 765-1 C
歯は治療してはいけない！ あなたの人生を変える歯の新常識	田北行宏	歯が健康なら生涯で3000万円以上得!? 認知症や糖尿病も改善する実践的予防法を伝授！	840円 766-1 B
50歳からは「筋トレ」してはいけない 何歳でも動けるからだをつくる「骨呼吸エクササイズ」	勇﨑賀雄	人のからだの基本は筋肉ではなく骨。日常的に骨を鍛え若々しいからだを保つエクササイズ	880円 767-1 B
定年前にはじめる生前整理 人生後半が変わる4ステップ	古堅純子	「老後でいい！」と思ったら大間違い！ 今やると身も心もラクになる正しい生前整理の手順	800円 768-1 C

表示価格はすべて本体価格（税別）です。本体価格は変更することがあります